中国航天发展蓝皮书

（2017年）

《中国航天发展蓝皮书》编委会　编

中国宇航出版社

·北京·

图书在版编目(CIP)数据

中国航天发展蓝皮书．2017 /《中国航天发展蓝皮书》编委会编．-- 北京：中国宇航出版社，2017.10

ISBN 978-7-5159-1395-7

Ⅰ.①中… Ⅱ.①中… Ⅲ.①航天工业—工业发展—研究报告—中国—2017 Ⅳ.①F426.5

中国版本图书馆CIP数据核字(2017)第257334号

责任编辑　彭晨光　　　**装帧设计**　宇星文化

出版发行　中国宇航出版社

社　址　北京市阜成路8号　**邮　编**　100830

(010)60286808　(010)68768548

网　址　www.caphbook.com

经　销　新华书店

发行部　(010)60286888　(010)68371900

(010)60286887　(010)60286804(传真)

零售店　读者服务部

(010)68371105

承　印　河北画中画印刷科技有限公司

版　次　2017年10月第1版

2017年10月第1次印刷

规　格　787×960

开　本　1/16

印　张　8.75

字　数　154千字

书　号　ISBN 978-7-5159-1395-7

定　价　98.00元

序一　自主创新是航天事业的生命线

2016 年是中国航天事业肪始 60 周年。中国航天工程科技发展战略研究院组织编写出版《中国航天发展蓝皮书（2015 年）》（以下简称《蓝皮书》），回溯甲子历程，总结经验，概述成就，评估现状，瞻望未来，对实施创新驱动发展战略，实现两个百年奋斗目标都有重要的现实意义和长远的参考价值。

“两弹一星”工程是由新中国第一代领导人亲自决策、领导和指挥并迅速取得成功的伟大科学事业，奠定了新中国在国际上的地位，足与解放战争三大战役媲美，永垂史册。回想 60 年前，新中国百业待兴，工业落后，人才奇缺，“一穷二白”，中央毅然做出发展原子能和航天事业的战略决策并迅速组织实施。10 年基本成功，20 年实现了战略目标，一举改变了国家面貌和国人心态。重温史实简录，仍然令人心潮澎湃。

1955 年 1 月 15 日，毛主席主持中央书记处扩大会议，听取李四光、钱三强的报告和建议后，决定建立和发展原子能事业，指定国务院副总理陈云、军委副主席聂荣臻、国家建设委员会主任薄一波组成三人小组，薄一波兼“三办”主任，指导并组织实施。1956 年成立第三机械工业部，1958 年改为第二机械工业部，宋任穷上将任部长，刘杰任常务副部长，负责发展原子能事业。1956 年 3 月，陈毅副总理主持科学规划委员会，各部门领导人和 500 多位科学家参加。《1956—1967 年科学技术发展远景规划纲要》提出以原子能、导弹、计算机、无线通讯、自动化等现代科技为主的12个重点领域、57项重大任务、6项紧急措施。6月14日，毛主席批准实施。1956年3月14日，周总理主持中央军委会，采纳钱学森的提议，决定成立国防航空工业委员会，聂荣臻元帅任主任，下设第五局——火箭导弹局。

1956年4月25日，毛主席在政治局扩大会议上做《论十大关系》讲话，他宣布："今后我们要有更多的飞机大炮，还要有原子弹。在今天的世界上，我们要不受人家欺负，就不能没有这个东西。"1956年10月8日，成立国防部第五研究院，研制火箭导弹，钱学森任院长。

1956年8月17日，李富春副总理率团去莫斯科签署《关于苏联为中国建立原子能工业提供技术援助协定》。1957年9月，聂荣臻副总理率团访苏，签署《新技术援助协定》。1957年10月4日，苏联发射第一颗人造地球卫星，重83.6千克。1958年1月31日，美国发射首颗人造地球卫星，重8.22千克。1957年8月，中央军委决定筹建导弹试验靶场，由炮兵司令员陈锡联上将主持勘察选点。调驻朝的志愿军20兵团负责组建试验基地，兵团副司令员孙继先中将任基地司令员。由解放军第三兵团组建原子能试验基地，兵团参谋长张温钰任基地司令员。

1958年，五院决定仿制苏制P-2导弹（德国V-2导弹改进型，代号1059，后定名"东风一号"，射程500千米）。

1958年5月17日，毛主席在八大二次会议上宣布"我们也要搞人造卫星"。1960年7月16日，苏联照会中国政府，毁约断援，8月撤回全部专家，带走所有资料。那是新中国建立以来最惊心动魄、艰苦卓绝的年代，"两弹一星"计划处于危难之中。"大跃进"失败，三年灾荒，全国人民吃不饱，西方封锁禁运，赫鲁晓夫变脸，落井下石。中国彻底改变了"一边倒"的政策，经济建设和

"两弹一星"进入完全依靠自力更生的新时期。这是中国近代史上一次伟大的转折。中央批准聂荣臻元帅1961年提出的《导弹、原子弹应坚持攻关的报告》，毛主席批示："在科学研究中，尖端武器的研制工作仍应抓紧进行，不能放松或下马。"周总理呼唤：我们有共同信念，一定要靠中国人自己的力量，造出"两弹一星"。钱学森向聂荣臻表示：我们五院的同志一定会在苏联撤走专家的压力面前挺直腰杆，自力更生，建立起自己的导弹事业；请聂总转告中央放心，苏联压不倒我们。二机部宋任穷部长说："天要下雨，娘要嫁人。我们只能完全、彻底自己干。"

1960年11月5日、12月6日、12月16日，苏联专家撤走3个月后，完全由中国生产的1059导弹（"东风一号"）三次发射成功，射程550千米。1962年11月，刘少奇主席宣布成立中央专委会，领导"两弹一星"研制，周总理任主任。1963年春，五院组织3000人大讨论，制定《地地导弹发展途径》，提出"八年四弹"的研制计划："东风二号"（中近程，射程1000千米）、"东风三号"（中程，射程2500千米）、"东风四号"（中远程，射程5000千米）、"东风五号"（洲际，射程9000～10000千米）。中科院成立星际航行委员会，竺可桢、裴丽生、钱学森、赵九章任组长，制定星际航行长远规划。钱学森建议中央把人造卫星列入计划。

1964年6月29日，我国自行设计的"东风二号"导弹试飞成功。1964年10月16日，新华社公报：中国在西部地区爆炸了一颗原子弹，这是中国人民自力更生、艰苦奋斗的伟大胜利。1966年10月27日，聂荣臻元帅主持了"两弹"结合试验，用"东风二号甲"运载原子弹靶爆成功。1966年7月，中央军委决定组建战略导弹新兵种——第二炮兵。

1966年，中央专委决定组建空间技术研究院（新五院），研制卫星、飞船，钱学森兼任院长。1967年5月26日，"东风三号"试飞成功，射程 2500 千米；开始研制“东风四号”；加第三级称为“长征一号”运载火箭，用以发射卫星。

1967 年 6 月 17 日，中国自行设计的氢弹爆炸成功，当量达到 330 万吨 TNT。从原子弹到氢弹，中国只用了 2 年 8 个月，而美国用了 7 年 3 个月，苏联用了 6 年 3 个月，英国用了 5 年 6 个月，法国用了 8 年 6 个月。

1967 年，中国自行设计的防空导弹“红旗二号”定型列装。9 月 8 日，“红旗二号”导弹击落美国的 U－2 高空侦察机。

1970 年 1 月，“东风四号”试飞成功，射程 5000 千米。

1970 年 4 月 24 日，发射第一颗人造地球卫星——“东方红一号”，重 173 千克，超过美、苏首星。

1970 年 12 月，自行研制的核动力潜艇下水。

1978 年，发射第一颗返回式卫星。

1980 年 5 月 18 日，“东风五号”洲际导弹向南太平洋发射成功，射程 9000 千米。5 月 9 日新华社受权公告，中国将于 5 月 12 日至 6 月 10 日，由中国本土向太平洋南纬 7 度 0 分、东经 171 度 33 分为中心，半径 70 海里的圆形海域范围内的公海上，进行发射运载火箭试验。5 月 8 日，海军第一副司令刘道生中将率 18 艘舰船组成的特混舰队越过赤道，进入靶区，圆满完成警戒、观测、打捞弹头任务（第一次越过赤道的是 500 年前明初郑和船队）。

1982 年 10 月 12 日，潜艇水下发射运载火箭试验成功。

在西方封锁禁运、苏联毁约断援、国内“一穷二白”的情势下，我国完全、彻底地依靠自己的力量，自力更生，艰苦奋斗，只用了 26 年就完成了“两弹一星”的战略任务，突破了尖端技术，建立了现代战略产业，从根本上改善了国家的安全环境，提升了中国在国际上的地位，一扫国人百年悲鸣的心态，树立了自立于世界民族之林的自信。诚如钱学森先生尝说，“这种大科学事业，一两个人是无法完成的，一切成就要归功于党，归功于集体”。“两弹一星”的成功是中国人民解放事业的续篇，是新中国第一代领导人，以气壮山河的革命气魄做出的伟大战略决策，是周总理、聂荣臻元帅和张爱萍、刘亚楼、宋任穷、王秉璋等开国将领直接领导和精心指挥的战果。人民解放军成千上万卓有战功的各级指挥员转战“两弹一星”，成为组织指挥、科学实验、试制生产、后勤保障和靶场试验的坚强领导骨干。20 世纪 30～50 年代，为科技救国负笈求学从欧美归来和国内学贤学长们，是攻克“两弹一星”、奠基原子能和航天事业各条战线上的科技主将。1999 年中共中央、国务院、中央军委授予“两弹一星”功勋奖章的 23 位科学家中有 21 位是欧美归学。科学主帅钱学森于 1935 年毕业于交通大学，1936 年至 1955 年誉满美欧，1955 年 10 月回国；钱三强 1936 年毕业于清华大学，1936 年至 1948 年卓越于欧法，1948 年 5 月回国。故“两弹一星”也是中国人民为民族解放、振兴中华百年奋斗的胜举。

回顾“两弹一星”的经历和近年原子能和航天事业的迅速进步，不难看到：中央的英明决策、科技界的自主创新、各条战线的协同合作和系统工程科学管理是大科学事业和战略产业的制胜法宝。自主创新一直是决定生死存亡的生命线。在西方制裁封锁、毁约断援的形势下，彻底依靠自己掌握的科学知识和智慧，不屈不挠，艰苦奋斗，10 年突破科学原理和关键技术，20 年取得完全胜利。创新是中华文明的禀赋。在世界高新技术和现代科学成就面前踌躇嗫嚅、裹足不前是没有前途的。中央提出创新发展战略，把创新置于国家发展全局的核心地位，推广到各行各业，大众创业，万众创新，是符合族情、国情和世界发展潮流的壮举，在国力提升、全民科教水平不断提高和改革开放的新局势下，一定会取得新的更大成就。

中国工程院的使命是组织院士和科技界贤达对工程科技有关经济发展和社会进步的全局性、战略性重大问题进行研究，向国务院、各级政府和产业部门提供咨询建议。鉴于航天事业对国家现代化建设和科技进步的极端重要性，中国工程院与中国航天科技集团公司联合国内相关领域优势单位，共同建立了中国航天工程科技发展战略研究院，简称“航天战略院”，聚集英才，开展战略研究，服务于科技发展和社会进步。现在奉献于读者的《蓝皮书》是由60多位院士、专家共同编写的中国航天60年全景综述，试图记录艰难肇始、创新历程、能力建设、已达水平等信息和对近期发展目标的展望，将准确翔实的数据和标志性成就介绍给国内外专业读者。作者们还以实际的生动案例阐释中国航天科技对拉动技术进步、经济发展、新兴产业、信息社会和改善民生的贡献，禀报于社会各界。

伫望《蓝皮书》能为国家决策机构和相关部门筹划发展、制定政策提供可靠的参考资讯，为实施创新驱动发展战略提供可借鉴的案例。我们还期待《蓝皮书》能持之以恒，继续出版续编，讲好航天故事，推动航天事业的进步，为建设航天强国、科技强国不断做出贡献。

宋健

2015 年 11 月

序　二

习近平总书记指出："发展航天事业，建设航天强国，是我们不懈追求的航天梦。"把航天梦作为强国梦的重要组成部分，提升至新的战略高度。深入贯彻落实中央要求，加快实现航天强国的目标，就一定会在"两个一百年"奋斗进程中镌刻下新的历史标注，进一步增强全国各族人民实现中华民族伟大复兴中国梦的信心和决心。

中国航天事业已走过了近60年的辉煌历程。自创建以来，中国航天始终坚持自力更生、自主创新，建成了独立自主的完整的航天科技工业体系，取得了以"两弹一星"和载人航天为代表的重大成就，极大地增强了国家的经济实力、科技实力、国防实力和民族凝聚力。当前，我国探月工程第二步战略目标已全面实现，完成了航天器软着陆月球，并开展探测和巡视勘察；载人航天工程第二步战略目标已取得重大阶段性胜利，实现了载人飞船与空间实验室的自动和手动交会对接，正在推进大型空间站研制。一系列举世瞩目的成就，显著提升了中国进入空间、和平利用空间的能力，使我国在若干领域跻身世界先进行列，充分展示了伟大的中国道路、中国精神、中国力量。

中国航天的成就，值得自豪；航天发展的历程，更值得梳理。特别是面向工业界、学术界、领导机关和社会公众，定期对中国航天发展进行评估和分析，从学术角度，提供系统性、科学性、权威性、通俗性的解读，具有重要的现实意义；同时，积极发出中国航天的声音，回应国际、国内关切，增进全社会对中国航天的了解和支持，亦十分迫切。

我们欣喜地看到，由中国航天工程科技发展战略研究院担纲编写的《中国航天发展蓝皮书（2015 年）》（以下简称《蓝皮书》），已经在这方面做了有益的探索。《蓝皮书》自 2013 年起开始筹划，并以咨询研究课题的形式，获得中国工程院、航天基金会的大力支持。在研究过程中，得到了航天及相关领域多位院士、专家的悉心指导。总装备部、国家国防科技工业局等领导机关，以全力支持航天事业的责任情怀，对《蓝皮书》的编撰工作给予了深切关怀和大力支持，提出了大量宝贵的意见。中国航天科技集团公司高度重视，总部各有关部门对《蓝皮书》进行了认真审改。在此，谨向对《蓝皮书》编撰、出版工作给予关怀和支持的各位领导和专家，表示诚挚的敬意和衷心的感谢！

希望《中国航天发展蓝皮书》的编撰和出版能够长期坚持下去，有效地搭建起学术界和决策层之间的桥梁，系起决策层与社会公众之间的纽带，在资政辅政、引导舆论方面发挥重要作用，唱响全方位宣传航天的主旋律，激发全社会支持航天的正能量，为实现航天梦、中国梦贡献力量。

雷凡培

2015 年 11 月

序　三

航天是国家意志和战略利益的重要体现，在增强综合国力、带动科技进步、维护国家权益、服务社会发展、提升国际竞争力等方面具有十分重要的地位和作用。以习近平同志为核心的党中央高度重视我国航天事业的发展，2016年4月24日首个“中国航天日”，习总书记再次做出重要指示：“探索浩瀚宇宙，发展航天事业，建设航天强国，是我们不懈追求的航天梦。”中国航天日的设立对于大力弘扬航天精神，科学普及航天知识，激发全民探索创新热情，唱响“发展航天事业、建设航天强国”的主旋律，凝聚实现航天梦、中国梦的强大力量具有重要意义。

中国航天事业已经走过峥嵘的60年，60年来，我国航天走出了一条自力更生、大力协同、勇攀高峰的中国特色发展道路，建成了完备的航天科技工业和人才队伍体系，取得了以“两弹一星”、载人航天和月球探测为代表的辉煌成就，显著增强了我国的经济实力、科技实力、国防实力和民族凝聚力，在世界航天领域占有重要一席，已具备向航天强国迈进的坚实基础。

实现航天强国的目标，要做好发展战略研究、顶层设计，加强科学咨询，为航天发展提供智力支持。因此，为全面解读中国航天发展，总结中国航天自主创新的进展和经验，以及中国航天在支撑经济社会发展、引领技术进步等方面的贡献，为领导机关、相关行业提供一份评估和预测中国航天发展的报告，中国航天工程科技发展战略研究院（航天战略院）在 2013 年开始筹划出版一部航天发展的双年度行业报告。在广大院士、专家和各有关部门的指导和支持下，已于 2015 年出版了《中国航天发展蓝皮书（2015 年）》。

《中国航天发展蓝皮书（2017 年）》从航天活动基本情况、航天发展政策环境、创新驱动与航天强国、航天技术应用产业发展、航天技术与社会发展、国际交流与合作等方面，对中国航天发展进行了介绍，并提出对未来发展的思考和展望。相信《中国航天发展蓝皮书》能够对航天决策者、研究者以及关心航天发展的朋友们提供有益参考。本书不当之处，诚请读者不吝指正，以使《中国航天发展蓝皮书》持续出版、日臻完善。我们力争将其做成高质量的品牌，使之成为领导机关、相关行业以及航天研发人员和关心航天发展的朋友们的重要参考，成为社会各界了解中国航天的重要载体，为航天强国建设发挥应有的作用。

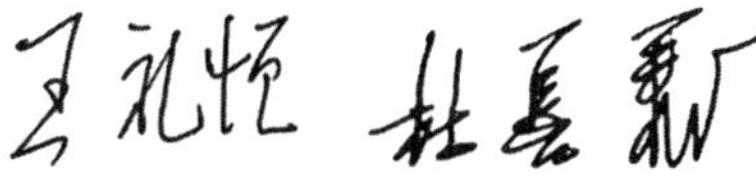

2017 年 9 月

引 言

航天是当今世界最具挑战性和广泛带动性的高技术领域之一，是国家科技水平和科技能力的重要标志，在维护国家权益、增强综合国力、推动经济发展、带动科技进步、提升国际竞争力、服务外交发展等方面具有十分重要的地位和作用。中国航天事业创建60年来，坚持走自力更生、自主创新的中国特色发展之路，创造了以“两弹一星”、载人航天、月球探测等为代表的一系列辉煌成就，显著增强了科技实力、经济实力和民族凝聚力。

近年来，航天在国家发展中的战略地位更加凸显。在2016年4月24日首个“中国航天日”到来之际，习近平总书记做出重要指示，“探索浩瀚宇宙，发展航天事业，建设航天强国，是我们不懈追求的航天梦”，为中国航天事业的发展指明了方向。2016年5月30日，习近平总书记在全国科技创新大会、两院院士大会、中国科协第九次全国代表大会上的讲话指出，“空间技术深刻改变了人类对宇宙的认知，为人类社会进步提供了重要动力，同时浩瀚的空天还有许多未知的奥秘有待探索，必须推动空间科学、空间技术、空间应用全面发展”。在2016年12月20日会见神舟十一号航天员时，习近平总书记再次强调“星空浩瀚无比，探索永无止境，只有不断创新，中华民族才能更好走向未来”。

国家将创新驱动、军民深度融合上升为国家战略，加快科技强国建设，大力推进“一带一路”倡议等重大战略举措，均强调了航天领域的重要性，并明确提及了与航天相关的建设内容，对航天事业的发展提出了更高要求。

2015—2016年，正值中国“十二五”向“十三五”过渡的承前启后阶段。两年来，空间科学探索引领基础科学研究取得多项突破；空间基础设施建设能力持续增强，航天装备产品型谱不断完善；卫星应用产业发展迅速，为经济社会发展带来广泛的效益；在政府、科研院所和相关高校、企业和民间机构等多个层面的航天对外合作有序开展，航天国际合作迈上新的台阶，航天强国建设稳步推进。

目　录

1　航天活动基本情况

2015—2016 年，中国航天活动更趋活跃，空间基础设施建设能力持续增强，空间科学探索进入跨越发展阶段，载人航天与月球探测、北斗全球卫星导航系统、高分辨率对地观测系统等取得重大进展，卫星应用的广度和深度不断拓展，商业航天蓬勃兴起，航天技术水平和能力明显提升。

1.1　空间科学

国家大力推进空间科学战略性先导科技专项（以下简称空间科学先导专项），首批立项的 4 颗科学卫星，依托载人航天与探月工程、实践系列卫星、应用卫星等空间平台，开展了系列空间科学研究，取得了一批科学成果，现正在探索研究中国空间科学未来发展的路线图，空间科学领域形成了良好的发展势头。

2015 年 12 月 27 日，中国首颗暗物质粒子探测卫星悟空（如图 1－1 所示）在酒泉卫星发射中心发射升空。这是中国第一颗天文卫星，也是中国空间科学先导专项的“首发星”。它能够通过高空间分辨、宽能谱段观测高能电子和伽马射线，寻找和研究暗物质粒子，是目前世界上观测能段范围最宽、能量分辨率最优的暗物质粒子探测卫星。

2016 年 4 月 6 日，实践十号返回式科学实验卫星在酒泉卫星发射中心发射升空。这是中国首颗微重力科学实验卫星，是开展微重

图1-1 暗物质粒子探测卫星悟空

力科学和空间生命科学研究的空间实验平台。实践十号返回式科学实验卫星在轨道上利用太空微重力等特殊环境，完成多项科学实验，涉及微重力流体物理、微重力燃烧、空间材料科学、空间辐射效应、重力生物效应、空间生物技术六大领域。

2016年8月16日，中国自主研制的世界上第一颗空间量子科学实验卫星墨子在酒泉卫星发射中心发射升空。主要应用目标是通过卫星和地面站之间的量子密钥分发，实现星地量子保密通信，并通过卫星中转实现可覆盖全球的量子保密通信。

2016年12月22日，中国首颗全球二氧化碳监测科学实验卫星在酒泉卫星发射中心发射升空。这是中国首颗用于监测全球大气二氧化碳含量的科学实验卫星（如图1-2所示）。它利用高光谱与高空间分辨率二氧化碳探测仪、多谱段云与气溶胶探测仪等探测设备，观察重点地区乃至全球大气中二氧化碳浓度1%的细微变化，定期获取不同季节、不同地区的二氧化碳排放量数据，形成全球二氧化碳分布图，开展气候变化研究和应对。

利用空间科学卫星、神舟系列飞船和天宫二号空间实验平台开展一系列空间科学实验研究，深化了空间微重力和强辐射条件下生物生长、材料制备等机理的认识，取得了一批有影响力的研究成果。由此积累的空间环境主要参数及其效应数据，为航天器安全运行提供空间环境监测与预报服务。

图 1-2 二氧化碳监测科学实验卫星

1.2 航天运输系统

2015—2016 年，中国航天发射次数为 41 次（见表 1-1 和表1-2），将 84 个航天器成功送入预定轨道。2016 年，中国航天发射次数为 22 次（见表 1-2），首次突破“20 大关”。采用无毒无污染推进剂的长征六号、长征七号、长征五号液体运载火箭以及长征十一号固体运载火箭成功发射，运载火箭型谱（长征系列运载火箭型谱如图 1-3 所示）不断完善。截至 2016 年 12 月 31 日，中国长征系列运载火箭共实施 244 次发射，成功率达 95%以上。

表1－1　2015年中国航天发射情况

序号	发射时间	航天器名称	运载火箭名称	发射中心
1	2015年3月30日	第17颗北斗导航卫星	长征三号丙	西昌
2	2015年6月26日	高分八号卫星	长征四号乙	太原
3	2015年7月25日	第18、19颗北斗导航卫星	长征三号乙	西昌
4	2015年8月27日	遥感卫星二十七号	长征四号丙	太原
5	2015年9月12日	通信技术试验卫星一号	长征三号乙	西昌
6	2015年9月14日	高分九号卫星	长征二号丁	酒泉
7	2015年9月20日	开拓一号、天拓三号等20颗微小卫星	长征六号	太原
8	2015年9月25日	浦江一号、上科大二号等四星	长征十一号	酒泉
9	2015年9月30日	第20颗北斗导航卫星	长征三号乙	西昌
10	2015年10月7日	吉林一号卫星	长征二号丁	酒泉
11	2015年10月17日	亚太九号通信卫星	长征三号乙	西昌
12	2015年10月26日	天绘一号03星	长征二号丁	酒泉
13	2015年11月4日	中星2C通信卫星	长征三号乙	西昌
14	2015年11月8日	遥感卫星二十八号	长征四号乙	太原
15	2015年11月21日	老挝一号通信卫星	长征三号乙	西昌
16	2015年11月27日	遥感卫星二十九号	长征四号丙	太原
17	2015年12月10日	中星1C通信卫星	长征三号乙	西昌
18	2015年12月17日	暗物质粒子探测卫星	长征二号丁	酒泉
19	2015年12月29日	高分四号	长征三号乙	西昌

注：由于台湾地区的数据获取不全，关于中国航天发射情况的统计范围主要包括中国大陆与香港特别行政区。表1－2统计范围与表1－1相同。

表 1－2 2016 年中国航天发射情况

序号	发射时间	航天器名称	运载火箭名称	发射中心
1	2016 年 1 月 16 日	中星十五号/白俄罗斯通信卫星一号	长征三号乙	西昌
2	2016 年 2 月 1 日	第 21 颗北斗导航卫星	长征三号丙	西昌
3	2016 年 3 月 30 日	第 22 颗北斗导航卫星	长征三号甲	西昌
4	2016 年 4 月 6 日	实践十号返回式科学实验卫星	长征二号丁	酒泉
5	2016 年 5 月 15 日	遥感卫星三十号和 2 颗乌拉圭的小卫星	长征二号丁	酒泉
6	2016 年 5 月 30 日	资源三号 02 星	长征四号乙	太原
7	2016 年 6 月 12 日	第 23 颗北斗导航卫星	长征三号丙	西昌
8	2016 年 6 月 25 日	新一代多用途载人飞船缩比返回舱和多颗小卫星	长征七号	文昌
9	2016 年 6 月 29 日	实践十六号 02 星	长征四号乙	酒泉
10	2016 年 8 月 6 日	天通一号 01 星	长征三号乙	西昌
11	2016 年 8 月 10 日	高分三号卫星	长征四号丙	太原
12	2016 年 8 月 16 日	量子科学实验卫星	长征二号丁	酒泉
13	2016 年 9 月 1 日	高分十号卫星	长征四号丙	太原
14	2016 年 9 月 15 日	天宫二号空间实验室	长征二号 F	酒泉
15	2016 年 10 月 17 日	神舟十一号载人飞船	长征二号 F	酒泉
16	2016 年 11 月 3 日	实践十七号/远征二号	长征五号	文昌
17	2016 年 11 月 10 日	脉冲星试验卫星和潇湘一号、丽水一号等 5 颗卫星	长征十一号	酒泉
18	2016 年 11 月 12 日	云海一号 01 星	长征二号丁	酒泉
19	2016 年 11 月 22 日	天链一号 04 星	长征三号丙	西昌
20	2016 年 12 月 11 日	风云四号 A 星	长征三号乙	西昌
21	2016 年 12 月 22 日	全球二氧化碳监测科学试验卫星	长征二号丁	酒泉
22	2016 年 12 月 28 日	高景一号 01 星、02 星/八一·少年行卫星	长征二号丁	太原

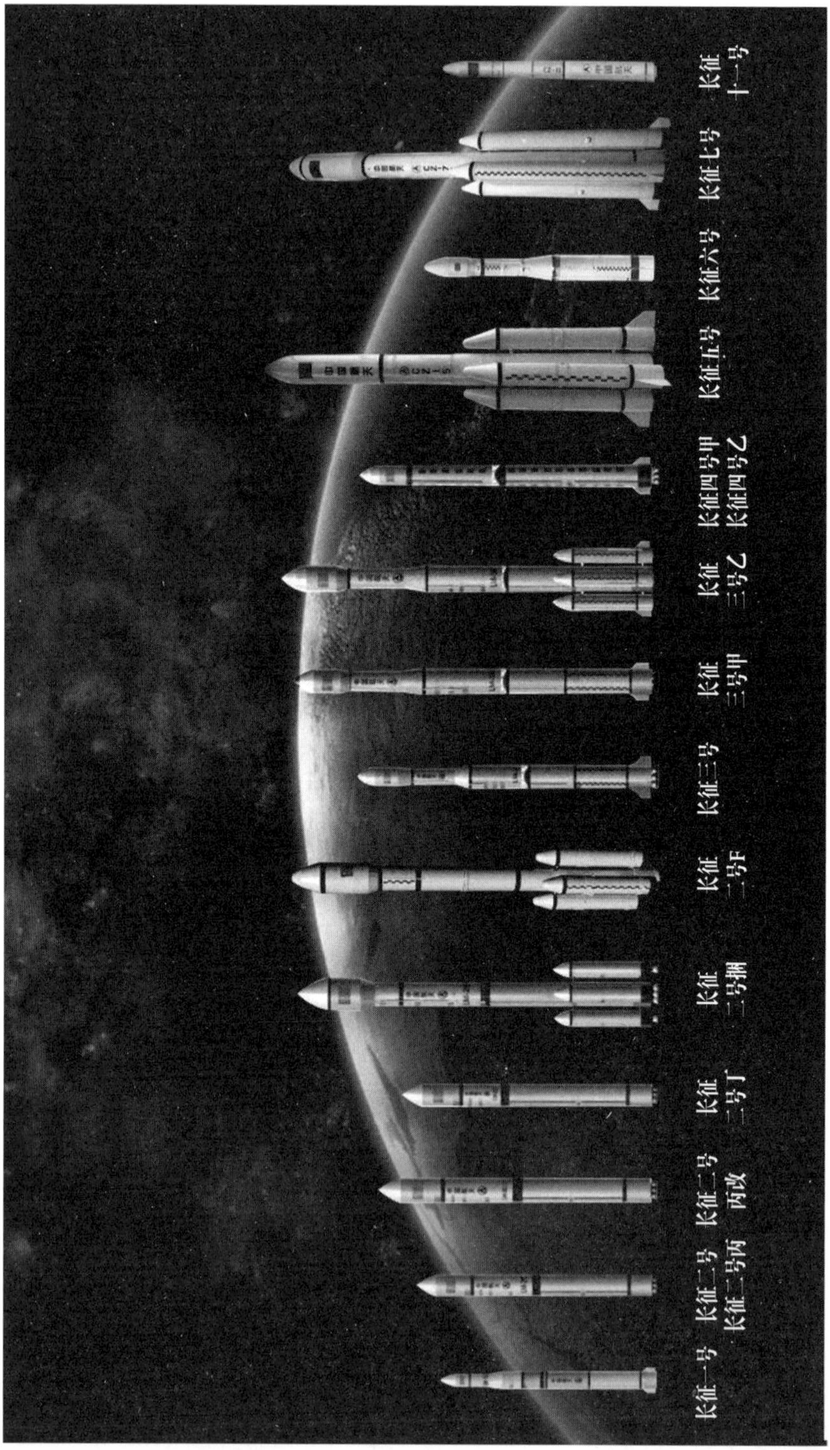

图1-3 长征系列运载火箭型谱简图

2015 年 9 月 20 日，长征六号运载火箭在太原卫星发射中心发射升空，以一箭多星的方式成功发射 20 颗小卫星。长征六号运载火箭是中国研制的新一代无毒无污染的小型运载火箭，长 29.2 米，起飞质量 103 吨，具备 700 千米高度太阳同步轨道 500 千克的运载能力。

2015 年 9 月 25 日，长征十一号运载火箭在酒泉卫星发射中心首飞成功。长征十一号运载火箭是中国长征系列运载火箭家族第一型固体运载火箭、新一代运载火箭中唯一一型固体火箭，火箭全长 20.8 米，重 58 吨，起飞质量 120 吨，具备 700 千米高度太阳同步轨道 350 千克的运载能力，主要用于满足自然灾害、突发事件等应急情况下快速机动发射卫星的需求。

2016 年 6 月 25 日，长征七号运载火箭在海南文昌卫星发射中心首飞成功。长征七号是中国载人航天工程为发射货运飞船而全新研制的新一代中型运载火箭，采用“两级半”构型，箭体总长 53.1 米，芯级直径 3.35 米，起飞质量约 735 吨，近地轨道运载能力不低于 14 吨，700 千米高度太阳同步轨道运载能力达 5.5 吨。

2016 年 11 月 3 日，长征五号运载火箭在海南文昌卫星发射中心首飞成功。长征五号运载火箭总长约 57 米，起飞质量约 870 吨，芯级直径达 5 米，助推器直径 3.35 米，具备近地轨道 25 吨级和地球同步转移轨道 14 吨级的运载能力，比中国现役其他运载火箭地球同步转移轨道运载能力提升 2.5 倍以上，成为当前中国起飞质量最大、起飞推力最大、箭体结构最大、运载能力最大的火箭。

中国航天在近两年的发射任务中也经历了挫折。2015 年，中国进行的 19 次运载火箭发射任务全部取得了成功；2016 年因一次任务失败，中国航天发射成功率受到影响。在 2016 年 9 月 1 日的发射任务中，长征四号丙运载火箭三级火箭工作不正常、推力不足，致使卫星入轨速度不够，未能进入轨道而重返大气层坠毁。此次发射失利也是自 2013 年 12 月 9 日发射中巴资源一号 03 星失利以来的首次失败。

1.3 人造地球卫星

2015 年，中国在 19 次航天发射任务中将国内外 45 颗卫星送入太空，包括 5 颗通信卫星、11 颗遥感卫星、4 颗北斗导航卫星、1 颗科学卫星和 24 颗微小卫星。2016 年，中国在 22 次航天发射任务中将国内外 39 个航天器送入太空。截至 2016 年 12 月 31 日，中国在轨卫星数量超过 200 颗。

1.3.1 对地观测卫星

“资源”“高分”“遥感”“天绘”等卫星系列进一步完善。资源三号 01、02 立体测绘卫星实现双星组网和业务化运行；高分辨率对地观测系统建设全面推进，高分二号卫星实现亚米级光学遥感探测，高分三号合成孔径雷达卫星分辨率达到 1 米，高分四号卫星是中国首颗地球同步轨道高分辨率对地观测卫星。吉林一号高分辨率商业遥感卫星成功发射并投入商业运营。

2015 年 6 月 26 日，长征四号乙运载火箭从太原卫星发射中心成功将高分八号卫星发射升空，卫星顺利进入预定轨道。高分八号卫星主要应用于国土普查、城市规划、土地确权、路网设计、农作物估产和防灾减灾等领域。

2015 年 8 月 27 日，长征四号丙运载火箭从太原卫星发射中心成功将遥感卫星二十七号发射升空，卫星顺利进入预定轨道。遥感卫星二十七号主要用于科学试验、国土资源普查、农作物估产和防灾减灾等领域。

2015 年 9 月 14 日，长征二号丁运载火箭从酒泉卫星发射中心成功将高分九号卫星发射升空，卫星顺利进入预定轨道。高分九号卫星地面像元分辨率最高可达亚米级，主要应用于国土普查、城市规划、土地确权、路网设计、农作物估产和防灾减灾等领域。

2015 年 10 月 7 日，长征二号丁运载火箭从酒泉卫星发射中心成功将 1 组吉林一号商业卫星发射升空，卫星顺利进入预定轨道。吉林一号商业卫星组星包括 1 颗光学遥感卫星、2 颗视频卫星和 1 颗技术验证卫星，其中，吉林一号光学 A 星是中国首颗自主研发的高分辨率对地观测光学成像卫星，主要应用于国土资源监测、土地测绘、矿产资源开发、智慧城市建设、交通设施监测、防灾减灾、公共应急卫生等领域。吉林一号拍摄的中国国家体育场如图 1－4 所示。

图 1－4　吉林一号拍摄的中国国家体育场

2015 年 10 月 26 日，长征二号丁运载火箭从酒泉卫星发射中心成功将天绘一号 03 星发射升空，卫星顺利进入预定轨道。天绘一号 03 星主要应用于科学试验、国土资源普查、地图测绘、农作物估产及防灾减灾等领域。

2015 年 11 月 8 日，长征四号乙运载火箭从太原卫星发射中心成功将遥感卫星二十八号发射升空，卫星顺利进入预定轨道。遥感卫星二十八号主要用于科学试验、国土资源普查、农作物估产和防灾减灾等领域。

2015年11月27日，长征四号丙运载火箭从太原卫星发射中心成功将遥感卫星二十九号发射升空，卫星顺利进入预定轨道。遥感卫星二十九号主要用于科学试验、国土资源普查、农作物估产和防灾减灾等领域。

2015年12月29日，长征三号乙运载火箭从西昌卫星发射中心成功将高分四号卫星发射升空，卫星顺利进入预定轨道。这既是“十二五”中国航天宇航任务圆满收官之作，也标志着中国自然灾害监测、预警与评估达到分钟级高频次监测能力。高分四号卫星主要应用于森林火灾、洪涝灾害等监测与信息支持。

2016年5月15日，长征二号丁运载火箭从酒泉卫星发射中心成功将遥感卫星三十号发射升空，卫星顺利进入预定轨道。遥感卫星三十号主要用于科学试验、国土资源普查、农作物估产和防灾减灾等领域。

2016年5月30日，长征四号乙运载火箭从太原卫星发射中心成功将资源三号02星发射升空，卫星顺利进入预定轨道。资源三号02星是资源三号01星的后续业务星，主要用于国土测绘、资源调查和监测、防灾减灾、农林水利、生态环境、城市规划与建设、交通、国家重大工程等领域。

2016年8月10日，长征四号丙运载火箭在太原卫星发射中心成功将高分三号卫星发射升空，卫星顺利进入预定轨道。高分三号卫星是中国首颗分辨率达到1米的C频段多极化合成孔径雷达成像卫星，主要用于全天候、全天时全球海洋和陆地资源监视监测，提供高质量和高精度的稳定观测数据支持。高分三号卫星首都机场影像如图1-5所示。

2016年11月12日，长征二号丁运载火箭从酒泉卫星发射中心成功将云海一号01星发射升空，卫星顺利进入预定轨道。云海一号01星主要用于大气海洋环境要素探测、空间环境探测、防灾减灾和

图 1-5　高分三号卫星首都机场影像

科学试验等领域。

2016 年 12 月 11 日，长征三号乙运载火箭从西昌卫星发射中心成功将风云四号 01 星发射升空，卫星顺利进入预定轨道，风云四号 01 星正式命名为风云四号 A 星。风云四号 A 星的成功发射标志着中国静止轨道气象卫星实现了升级换代，主要用于气象、水利、农业、林业、环境、能源、航空和海洋等领域。

2016年12月28日，长征二号丁运载火箭从太原卫星发射中心以一箭双星的方式成功将高景一号01组两颗星发射升空，卫星顺利进入预定轨道。高景一号是中国首批自主研制的0.5米级高分辨率商业遥感卫星，主要用于国土资源调查、测绘、环境监测和互联网行业的增值服务。图1－6为高景一号卫星拍摄的广西壮族自治区北海的海边。

图1－6　高景一号卫星拍摄的广西壮族自治区北海的海边

1.3.2　通信广播卫星

全面推进固定通信、移动通信、数据中继卫星系统建设。中星、亚太等系列通信卫星成功发射，固定业务卫星通信保障体系基本建成，覆盖中国国土及全球重点地区；首颗移动通信卫星天通一号成功发射；东方红五号超大型通信卫星平台研制进展顺利。

2015年9月12日，长征三号乙运载火箭从西昌卫星发射中心成功将通信技术试验卫星一号发射升空，卫星顺利进入预定轨道。通信技术试验卫星一号是中国通信技术试验系列卫星的首颗星，主要用于开展Ka频段宽带通信技术试验。

2015年10月17日，长征三号乙运载火箭从西昌卫星发射中心成功将亚太九号通信卫星发射升空，卫星顺利进入预定轨道。亚太九号通信卫星是目前中国研制的民用商业卫星中转发器数量最多的卫星，与亚太卫星控股有限公司在轨运行的其他卫星共同为亚洲、欧洲、非洲、澳大利亚等全球约75%人口的地区，提供优质的一站式卫星转发器服务。

2015年11月4日，长征三号乙运载火箭从西昌卫星发射中心成功将中星2C通信卫星发射升空，卫星顺利进入预定轨道。中星2C通信卫星主要用于为全国广播电台、电视台、无线发射台和有线电视网等机构提供广播电视及宽带多媒体等传输业务。

2015年11月21日，长征三号乙运载火箭从西昌卫星发射中心成功将老挝一号通信卫星发射升空，卫星顺利进入预定轨道。老挝一号通信卫星成为继尼日利亚一号卫星、委内瑞拉一号卫星之后，中国航天第三颗整星出口的通信卫星。

2015年12月10日，长征三号乙运载火箭从西昌卫星发射中心成功将中星1C通信卫星发射升空，卫星顺利进入预定轨道。中星1C通信卫星可提供高质量的话音、数据、广播电视传输业务。

2016年1月16日，长征三号乙运载火箭从西昌卫星发射中心成功将中星十五号/白俄罗斯通信卫星一号发射升空，卫星顺利进入预定轨道。中星十五号卫星是中国第一颗能够完整覆盖非洲大陆，且能提供跨洲互联网通信服务的卫星，可为非洲、欧洲、中东及亚洲部分地区用户提供广播、通信、电信港和数据中心等服务。中国成功发射中星十五号卫星，标志着中国整星在轨交付首次进入欧洲市场，实现了开拓欧洲市场、服务世界航天的重要突破。

2016年8月6日，长征三号乙运载火箭从西昌卫星发射中心成功将天通一号01星发射升空，卫星顺利进入预定轨道。天通一号01星是中国自主研制建设的首颗卫星移动通信系统，主要用于为中国及周边、中东、非洲等相关地区，以及太平洋、印度洋大部分海域的用户提供全天候、全天时、稳定可靠移动通信服务，支持话音、短信息和数据业务。

1.3.3 导航定位卫星

北斗二号系统全面建成，完成14颗北斗导航卫星发射组网，正式向亚太地区用户提供定位、测速、授时、广域差分和短报文通信服务。北斗全球系统建设正在顺利推进，向全球服务迈进坚实一步。

2015年3月30日，长征三号丙运载火箭从西昌卫星发射中心成功将首颗新一代北斗导航卫星发射升空，卫星顺利进入预定轨道。此次发射的是中国北斗导航卫星定位系统第17颗卫星，该卫星主要开展新型导航信号体制、星间链路等试验验证工作，为北斗卫星导航系统全球组网建设提供依据。

2015年7月25日，长征三号乙运载火箭从西昌卫星发射中心成功将第18、19颗北斗导航卫星发射升空，卫星顺利进入预定轨道。

2015年9月30日，长征三号乙运载火箭从西昌卫星发射中心成功将搭载氢原子钟的第20颗北斗导航卫星发射升空，卫星顺利进入预定轨道。此次发射的北斗导航卫星主要开展星载氢原子钟、星间链路、新型导航信号体制等试验验证工作，并适时入网提供服务。

2016年2月1日，长征三号丙运载火箭从西昌卫星发射中心成功将第21颗北斗导航卫星发射升空；2016年3月30日，长征三号甲运载火箭从西昌卫星发射中心成功将第22颗北斗导航卫星发射升空；2016年6月12日，长征三号丙运载火箭从西昌卫星发射中心成功将第23颗北斗导航卫星发射升空。卫星顺利入轨后，与其他在轨卫星共同提供服务，将进一步增强系统稳健性，强化系统服务能力，为系统服务从区域向全球拓展奠定坚实基础。

2016年8月，继泰国、巴基斯坦、柬埔寨等国之后，首个定位服务单基站在老挝首都万象建成并通过技术测试，北斗系统服务正式落地老挝。

1.3.4 技术试验卫星

2015 年 9 月 25 日，长征十一号运载火箭在酒泉卫星发射中心成功将浦江一号卫星和另外 3 颗微小卫星发射升空，卫星顺利进入预定轨道。这 4 颗卫星主要用于开展航天新技术、新体制、新产品等空间试验。

2016 年 6 月 25 日，长征七号运载火箭在海南文昌卫星发射中心成功将天源一号、翱翔之星等数颗卫星发射升空，卫星顺利进入预定轨道。天源一号卫星在随后几天根据预定计划完成了微重力条件下流体管理与加注、高精度推进剂测量等 9 项在轨试验，中国首次卫星在轨加注试验取得成功。翱翔之星是世界上首颗 12U 立方星，开展了首次在轨自然偏光导航技术验证。

2016 年 11 月 10 日，长征十一号运载火箭在酒泉卫星发射中心成功将一颗脉冲星试验卫星等 5 颗卫星发射升空，卫星顺利进入预定轨道。此颗脉冲星试验卫星开展了在轨技术试验，验证星载脉冲星探测器性能指标和空间环境适应性，积累在轨实测脉冲星数据，为脉冲星探测及技术体制验证奠定技术基础。

1.4 载人航天

2016 年 9 月和 10 月，天宫二号空间实验室和神舟十一号载人飞船先后成功发射，形成组合体并稳定运行，开展了较大规模的空间科学实验与技术试验，突破掌握了航天员中期驻留、地面长时间任务支持和保障等技术。目前，中国已掌握载人天地往返、空间出舱、空间交会对接、组合体运行、航天员中期驻留等载人航天领域重大技术。

2016 年 9 月 15 日，天宫二号空间实验室发射成功。这是继天宫一号后中国自主研发的第二个空间实验室，也是中国第一个真正意义上的空间实验室，搭载了空间冷原子钟等 14 项应用载荷，以及失重心血管研究等航天医学实验设备，配备在轨维修技术验证装置、机械臂操作终端在轨维修试验设备，开展空间科学及技术试（实）验。天宫二号主要开展地球观测和空间地球系统科学、空间应用新技术、空间技术和航天医学等领域的应用和试验，包括释放伴飞小卫星，完成与货运飞船的对接。神舟十一号飞船与天宫二号空间实验室成功对接图如图 1 - 7 所示。

图 1 - 7　神舟十一号飞船与天宫二号空间实验室成功对接

2016 年 11 月 17 日，神舟十一号飞船与天宫二号空间实验室成功实施分离。航天员景海鹏、陈冬在天宫二号空间实验室工作生活了 30 天（如图 1 - 8 所示），创造了中国航天员太空驻留时间新记录；11 月 18 日，神舟十一号飞船返回舱在中国内蒙古中部预定区域成功着陆，执行飞行任务的两名航天员身体状态良好。天宫二号和神舟十一号载人飞行任务的圆满成功，为下一步中国航天员在空间实验室和未来空间站长期驻留收集了数据，积累了经验，打下了基础，标志着中国载人航天工程取得了新的重大进展。

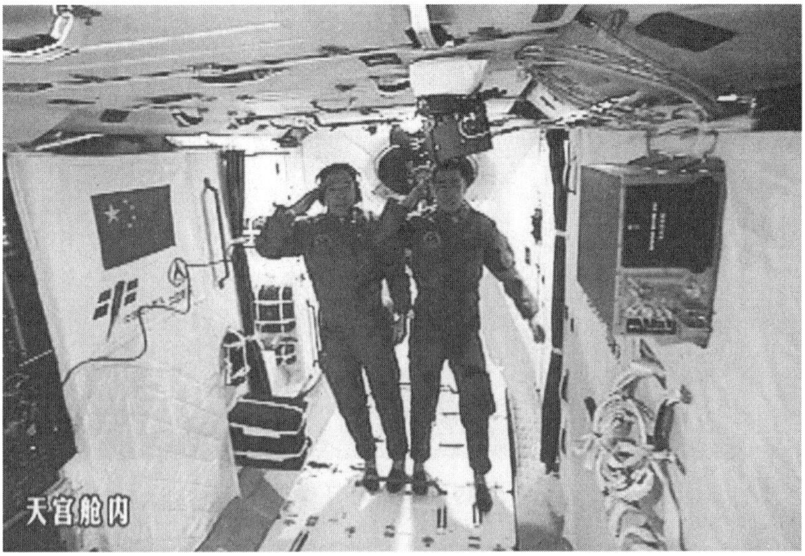

图 1－8 航天员景海鹏、陈冬在天宫二号舱内

1.5 深空探测

2015 年 10 月 5 日，国际天文学联合会（IAU）在其官网上公布，批准将嫦娥三号探测器着陆点周边区域命名为“广寒宫”，其附近的 3 个撞击坑分别命名为“紫微”“天市”“太微”。这是继 2010 年 8 月中国首次命名月球地名之后的又一次获批，表明了中国在月球探测和行星科学研究方面的国际影响力正在逐步提高。

2016 年 7 月 31 日，玉兔号月球车（如图 1－9 所示）超额完成任务，停止工作，着陆器状态良好。玉兔号预期服役 3 个月，超长服役两年多，是中国在月球上留下的第一个足迹。服役期间，玉兔号获得了着陆区月壳浅层 330 米深度内的剖面结构特性及地质演化图。科学家们利用玉兔号探测的数据，首次揭示了月球雨海区的火山演化历史。

中国火星探测任务正式立项，首次公布中国第一个火星探测器外观设计。2016 年年初，中国首次火星探测任务正式立项，计划由

图 1-9　玉兔号月球车

长征五号运载火箭于 2020 年在海南文昌卫星发射中心将火星探测器直接送入地火转移轨道，一次实现“环绕、着陆、巡视”3 个目标，这种形式在世界上尚属首次。2016 年 8 月 23 日，中国火星探测计划向全球征集火星探测工程名称和图形标识，并首次公布中国第一个火星探测器和火星车外观设计构型（如图 1-10 所示）。火星探测意味着中国行星际探测的开始，中国在真正意义上迈入行星际探测时代。

图 1-10　中国第一个火星探测器和火星车外观设计构型

1.6 航天发射场

2016年6月，以长征七号首飞成功为标志，中国自主设计建造、绿色生态环保的新一代航天发射场——海南文昌卫星发射中心正式投入使用。海南文昌卫星发射中心于2009年9月开工建设，2014年11月建成，由测试发射、测量控制、通信、气象、技术勤务保障等五大系统组成，主要承担地球同步轨道卫星、大质量极轨卫星、大吨位空间站、货运飞船、深空探测器等发射任务。与酒泉、太原、西昌3个发射场相比，海南文昌卫星发射中心拥有两座多射向运载火箭发射塔架，具有纬度低、发射效率高、射向宽、落区安全性好、海运便捷等优势。

自此，中国4个航天发射场基本形成了沿海内陆相结合、高低纬度相结合、各种射向范围相结合的航天发射场布局，能够满足载人飞船、深空探测器以及各类卫星的发射需求。

1.7 航天测控

2016年11月22日，中国在西昌卫星发射中心使用长征三号丙运载火箭成功将天链一号04星送入太空。天链一号04星是中国第4颗地球同步轨道数据中继卫星，将与天链一号01星、02星、03星实现全球组网运行，为中国神舟飞船、空间实验室、空间站提供数据中继与测控服务，支持空间交会对接任务，同时为中国中、低轨道资源卫星提供数据中继服务，为航天器发射提供测控支持。

2016年8月17日，远望七号测量船完成海上测控任务后，顺利停靠中国卫星海上测控部码头。远望七号测量船于2012年9月20日批准立项，2014年10月10日在江南造船集团公司开工建造，历时18个月建成，是中国自主设计研制、具有国际先进水平的大型航天远洋测量船，是中国第三代航天远洋测量船的第三艘。

天链一号数据中继卫星系列实现全球组网运行，远望七号测量船成功首航，由喀什、佳木斯、南美 3 个测控站联网组成的深空测控网正在建成，中国航天测控布局不断优化，形成陆海天基一体、功能多样、规模适度的航天测控网，航天器飞行控制综合能力不断提升，完成了神舟系列飞船、天宫一号目标飞行器、嫦娥系列月球探测器以及地球轨道卫星等为代表的各项航天测控任务。

1.8 空间应用

2015—2016 年，空间应用的广度和深度不断拓展，为资源勘察、环境监测、气象预报、减灾防灾等提供了重要的支撑。高分辨率对地观测系统重大专项应用示范效果日益凸显，应用推广已涵盖 18 个行业和 26 个省（区、市），气象卫星、海洋卫星、资源卫星、环境减灾小卫星星座、高分卫星的应用水平不断提高，业务服务能力快速提升；通信卫星、北斗导航卫星应用发展势头良好，产业规模不断壮大，显著提升了大众生活品质。当前，空间信息正加快与大数据、云计算、物联网等高技术融合，以商业航天、“互联网＋卫星应用”为代表的航天战略性新兴产业孕育发展，产业规模年均增长率超过 20％，有望成为国民经济新的增长点。

对地观测卫星地面系统和应用体系不断完善。陆地、海洋、大气卫星数据地面接收站基本实现统筹建设与运行，形成高低轨道相结合、国内外合理布局的卫星数据地面接收能力；统筹建设地面数据处理系统、共性应用支撑平台、多层次网络相结合的数据分发体系，数据处理、存档、分发、服务和定量化应用能力大幅提升。高分辨率对地观测系统应用综合信息服务共享平台、行业应用系统建设全面推进，对地观测卫星数据已广泛应用于行业、区域、公众服务等领域，为经济社会发展提供重要支撑。

通信卫星测控站、信关站、上行站、标校场等地面设施不断完善，建成一定规模、能够满足相关业务需要的卫星通信网和卫星广播电视传输网，卫星通信服务能力进一步增强，在广播电视、远程教育、远程医疗等领域发挥重大作用，卫星应急通信为防汛抗旱、抢险救灾、重大突发事件处置提供重要支撑。

北斗系统服务精度和可靠性大幅提高，广泛应用于交通运输、海洋渔业、水文监测、气象预报、测绘地理信息、森林防火、电力调度、救灾减灾、应急搜救等领域，逐步渗透到人类社会生产和人们生活的方方面面，为全球经济和社会发展注入新的活力。

随着“互联网＋”“军民融合”“中国制造 2025”等国家战略的深入推进，中国卫星应用正加速从试验应用型向业务服务型转变，卫星应用与传统产业和新兴互联网产业相融合，运用航天技术打造的“遥感集市”“工业互联网”等“互联网＋卫星应用”新业态孕育发展。航天技术通过二次开发和转化应用，为国民经济相关行业提供优质产品和服务，支撑和带动新材料、智能制造、电子信息等相关领域发展。

1.9 商业航天

2015—2016 年，随着四维高景卫星遥感有限公司、航天科工火箭技术有限公司、中国长征火箭有限公司成立，十多家民营商业航天企业也相继成立，中国商业航天正迎来快速发展的时期。

中国航天科技集团有限公司与中国航天科工集团有限公司，作为中国国内航天领域的两大主力军，逐步探索按照市场化模式组建新的商业航天企业，推动商业航天领域的发展。

2015 年 9 月，中国航天科技集团有限公司成立了四维高景卫星遥感有限公司，致力于为全球用户提供高时空分辨率和高光谱观测能力的遥感数据服务和系统解决方案。2016 年 12 月，高景一号商业遥感卫星发射升空，该卫星是中国航天科技集团有限公司商业遥感卫星系统的“首发星”。高景一号卫星在轨应用后，其首批影像已向社会发布，标志着中国首个完全自主研制的0.5 m高分辨率商业遥感卫星星座正式具备了运营能力。

2016年2月，中国航天科工集团有限公司成立了航天科工火箭技术有限公司，是国内第一家商业火箭公司，业务包括火箭总体设计、火箭总装集成和发射服务承包三部分，未来业务范围还将拓展到卫星应用、飞船发射、深空探测等领域。2016年8月，《武汉国家航天产业基地实施方案》正式获得国家发改委批复，武汉成为中国第一个国家级商业航天产业基地。该基地以发展商业航天为主导，以新一代航天发射及应用为核心，打造航天运载火箭及发射服务、卫星平台及载荷、空间信息应用服务、航天地面设备及制造等四大主导产业。2016年10月，中国航天科技集团有限公司全新打造的航天运输及商业火箭发射平台——中国长征火箭有限公司成立，业务涵盖航天发射服务、空间资源利用和亚轨道飞行体验等三大板块。

科研院所纷纷进入商业航天领域，借助商业化运营，推进产学研用结合，促进商业航天的技术进步与发展。中国科学院长春光学精密机械与物理研究所技术入股并成立了长光卫星技术有限公司。2015年10月，中国首批自主研发的商业高分辨率遥感卫星——吉林一号遥感卫星组星成功发射。吉林一号遥感卫星组星均由长光卫星技术有限公司负责研制和商业化运营。中国科学院下属的科研机构天仪研究院专注研制面向商业市场的航天系统与载荷，通过微小卫星为客户提供在轨科学实验和技术验证解决方案，以及在轨支持和保障。2016年11月，天仪研究院自主研制的微小型科学实验卫星——潇湘一号成功发射，是中国首颗商业化科学实验卫星。

新兴的航天企业发展迅速，已经开始进入发射服务、卫星制造、卫星运营和服务等领域。在发射服务方面，翎客航天技术有限公司专注于航天系统产品研制及商业发射服务；成立于2015年6月的北京零壹空间科技有限公司专注于低成本小型运载器的研制、设计及总装，其主营业务是为商用微小卫星等小型航天器提供专享发射服务。在卫星运营服务方面，2015年7月，二十一世纪空间技术应用股份有限公司成功发射了北京二号卫星，并开展商业化运营。北京一号、北京二号遥感卫星系统的成功运营探索了一种由政府支持、企业运行、商业服务的民用航天产业化发展的全新机制。

随着航天产品服务与云计算、云平台、人工智能等信息通信技术的融合发展，商业航天领域衍生出新的产品服务模式。2015 年 8 月，中国兵器工业集团有限公司和阿里巴巴共同出资成立了千寻位置网络有限公司。该公司以“互联网＋位置（北斗）”的理念通过北斗地基一张网的整合与建设，基于云计算和数据技术，构建位置云平台，以满足国家、行业、大众市场对精准位置服务的需求。2016 年 5 月，该公司正式在全国范围提供亚米精度的实时动态定位导航服务“千寻跬步”。2016 年 10 月，千寻公司发布 FindNow 的定位产品。该产品能够提供全方位支持 A－BDS/A－GPS/A－GLONASS 三大卫星系统的标准化 A－GNSS 服务，能够将传统定位耗时 30 秒以上的初始定位时间缩短至 3 秒。

商业航天正以科技创新与互联网思维的融合带来新的航天产品与服务以及新的商业模式，为中国航天的发展增添了生机与活力，逐步成长为推动中国航天产业发展的新动力。

2 航天发展的政策环境

2015—2016 年，国家发布了多项重要政策，对于推动航天产业的转型升级，探索国家民用空间基础设施市场化、商业化发展起到了重要作用。中国首部《航天法》《卫星导航条例》已列入国务院立法工作计划。《航天法》整个草案编制工作已经准备了四五年。2015 年，航天立法工作进入国家立法计划，有望在“十三五”期间完成中国首部《航天法》的出台。目前正在制订的《卫星导航条例》，作为国家卫星导航领域的基本法规，将规范国家卫星导航领域相关活动和工作，确立北斗系统作为国家空间信息基础设施的法律地位，推动北斗应用及产业发展。一系列政策文件的发布，有助于航天科技与其他领域的创新成果一起为经济社会的发展创新创造更大的动力。

2.1 国家顶层战略指引

《中华人民共和国国民经济和社会发展第十三个五年规划纲要》（以下简称《纲要》）明确了“十三五”时期是全面建成小康社会决胜阶段，要全面推进创新发展、协调发展、绿色发展、开放发展、共享发展，确保全面建成小康社会。《纲要》的第五篇“优化现代产业体系”提出了加快构建以多模遥感、宽带移动通信、全球北斗导航卫星为核心的国家民用空间基础设施，形成服务于全球通信、减灾防灾、资源调查监管、城市管理、气象与环境监测、位置服务等领域系统性技术支撑和产业化应用能力；加速北斗、遥感卫星商业化应用。这为航天事业的发展和服务经济社会指明了方向与路径。

在新一轮科技革命和产业变革之际，中国正在实施制造强国战略，力争通过三个十年的努力，到新中国成立一百年时，把中国建设成为引领世界制造业发展的制造强国，为实现中华民族伟大复兴的中国梦打下坚实基础。2015 年 5 月，国务院发布的《中国制造 2025》是中国实施制造强国战略第一个十年的行动纲领，将航天装备确定为重点制造领域之一，明确提出要发展新一代运载火箭、重型运载器，提升进入空间的能力。2015 年 9 月，《〈中国制造 2025〉重点领域技术路线图（2015 版）》（以下简称《路线图》）由国家制造强国建设战略咨询委员会正式发布。《路线图》在运载火箭、国家民用空间基础设施、空间宽带互联网、在轨维护与服务系统、载人航天与探月工程、深空探测六方面提出未来发展的关键技术、重点产品和重大航天工程，推进航天技术转化与空间技术应用。

为了加快推进两化深度融合，全面支撑《中国制造 2025》实施和制造强国、网络强国建设，2015 年 7 月，国务院发布《关于积极推进“互联网＋”行动指导意见》，提出包括创业创新、现代农业、智慧能源等在内的 11 项重点行动，旨在把互联网的创新成果与经济社会各领域深度融合，推动技术进步、效率提升和组织变革，为卫星应用的深度发展带来巨大的市场空间。

中国正在实施的创新驱动发展战略是决定中国未来发展的重大战略。航天科技是科技进步和创新的重要领域，航天科技成就是国家科技水平和科技能力的重要标志。2016 年 5 月，中共中央、国务院印发《国家创新驱动发展战略纲要》，明确中国到 2050 年建成世界科技创新强国“三步走”的战略目标。《国家创新驱动发展战略纲要》在“战略任务”中明确提出发展空间先进适用技术，培育空间经济；大力提升空间进入、利用的技术能力，完善空间基础设施，推进卫星遥感、卫星通信、导航和位置服务等技术开发应用，完善卫星应用创新链和产业链。

2.2 行业发展规划牵引

中国政府积极制定实施发展航天事业的政策与措施，提供有力政策保障，营造良好发展环境，推动航天事业持续健康快速发展。2016 年 6 月，国务院新闻办发布《中国北斗卫星导航系统》白皮书（简称北斗白皮书），系统诠释了北斗系统发展理念和政策主张。北斗白皮书指出，中国自 2009 年起开始启动北斗全球系统建设，计划在 2018 年，面向“一带一路”沿线及周边国家提供基本服务；2020 年前后，完成 35 颗卫星发射组网，为全球用户提供服务。北斗白皮书的发布具有里程碑意义，这意味着中国已经具备建成全球系统的条件。2016 年 12 月，国务院新闻办公室发布《2016 中国的航天》白皮书，首提“航天强国”发展愿景。未来五年，中国将加快航天强国建设步伐，持续提升航天工业基础能力，加强关键技术攻关和前沿技术研究，继续实施载人航天、月球探测、北斗卫星导航系统、高分辨率对地观测系统、新一代运载火箭等重大工程，启动实施一批新的重大科技项目和重大工程，基本建成空间基础设施体系，拓展空间应用深度和广度，深入开展空间科学研究，推动空间科学、空间技术、空间应用全面发展。

为全面推进国家民用空间基础设施健康快速发展，实现空间资源规模化、业务化、产业化发展，2015 年 10 月，国家发改委、财政部、国防科工局联合发布《国家民用空间基础设施中长期发展规划（2015—2025 年）》，明确了近十年的发展目标：分阶段逐步建成技术先进、自主可控、布局合理、全球覆盖，由卫星遥感、卫星通信广播、卫星导航定位三大系统构成的国家民用空间基础设施，满足行业和区域重大应用需求，支撑中国现代化建设、国家安全和民生改善的发展要求；提出了“支持民间资本投资卫星研制和系统建设”“公益与商业兼顾类项目实行国家与社会投资相结合，商业类项目以社会投资为主”“鼓励并支持有资质的企业投资建设规划内的卫星”等内容。《国家民用空间基础设施中长期规划（2015—2025 年）》意味着中国航天事业全面进入“产业化发展”时代。

战略性新兴产业发展规划突出航天作为战略性产业应超前布局产业格局，培育未来发展优势。2016 年 11 月，国务院印发《“十三五”国家战略性新兴产业发展规划的通知》，提出要高度关注颠覆性技术和商业模式创新，显著提升空间进入能力、加快发展新型航天器，掌握未来产业发展主动权，为经济社会持续发展提供战略储备、拓展战略空间。

在“一带一路”倡议下推进空间信息走廊建设。2015 年 3 月，国家发展和改革委员会、外交部和商务部发布了《推动共建丝绸之路经济带和 21 世纪海上丝绸之路的愿景与行动》。2015 年 5 月，国防科技工业局召开会议，研讨“一带一路”空间信息走廊建设和应用工程总体方案和工作方案。通过空间信息走廊建设，为“一带一路”倡议实施的顶层设计、全过程监管和效能评估提供持续可靠的空间信息资源、技术支撑和应用服务。2016 年 9 月，科技部、财政部发布了《推进“一带一路”建设科技创新合作专项规划》；2016 年 10 月，国防科工局和国家发展改革委发布《关于加快推进“一带一路”空间信息走廊建设与应用的指导意见》，进一步发挥空间技术资源优势，推动空间信息产业的市场化和国际化发展，便利与“一带一路”周边国家的互通互联、合作共赢。

2.3 专项行动计划推动

在军民融合发展战略指引下，2015 年 4 月，国防科工局印发《2015 年国防科工局军民融合专项行动计划》，明确提出，启动卫星“十三五”规划编制，研究高分卫星应用产业发展指导意见，建设高分专项成果转化平台，以遥感卫星为突破口，促进卫星资源和卫星数据共享。2016 年 3 月，国防科工局印发《2016 年国防科工局军民融合专项行动计划》，指出推进军品科研生产能力结构调整，深化"民参军";推动军工设备设施、航天资源和数据开放共享,加强资源统筹;推动军民融合产业发展和"一带一路"空间信息走廊建设与应用工程,在更好支撑国防和军队建设、保障武器装备科研生产的同时,发挥军工优势推动国家科技进步和服务经济社会发展。

2015年6月,国家发展改革委下达《国家发展改革委关于实施新兴产业重大工程包的通知》,在"信息消费工程"中提出推进卫星遥感、卫星通信、卫星导航的综合应用以及卫星与其他信息技术和服务的融合应用,发挥空间基础设施辐射带动作用,推动卫星应用产业自主创新发展和市场化、规模化发展,为经济社会创新发展提供有力支撑。2015年10月,国家发改委办公厅发布了《关于实施新兴产业重大工程包信息消费工程空间技术应用专项的通知》,通过专项实施,推进卫星遥感技术、卫星通信技术、卫星导航技术的综合应用以及空间技术与其他技术的融合应用,发挥空间基础设施辐射带动作用,推动卫星应用产业自主创新发展和市场化、规模化、国际化发展,为经济社会发展提供有力支撑。

2015年8月,《高分专项卫星遥感数据管理暂行办法》发布,旨在推动中国遥感卫星应用产业化、国际化,构建商业环境,理清高分数据应用中各相关方的主要关系,完善遥感卫星数据应用推广组织构架,解决数据权属、使用原则、申请流程与分发渠道等问题,大力推进高分数据在各领域的广泛应用,发挥高分数据对国家安全和经济社会发展的支撑服务作用。

2015年11月,中国卫星导航系统管理办公室发布《北斗卫星导航标准体系1.0版》,该标准构建了以"基础、工程、运维、应用"为骨干的标准体系,包括《北斗卫星导航术语》等多项北斗专业标准。

2016年5月,国家发展改革委、工业和信息化部联合发布《关于实施制造业升级改造重大工程包的通知》,"航天航空能力建设工程"作为10大重点工程之一位列其中,包含了"导航基准站升级改造工程"、"商业航天产品发展工程"、"卫星应用创新支撑平台建设工程”等子项建设内容。

整体来看，中国政府积极制定实施发展航天事业的规划与政策，许多地方政府纷纷出台卫星及其应用产业的政策措施，为航天事业、卫星及应用产业的发展提供有力政策保障，营造良好发展环境（2015—2016年中国航天发展主要政策及规划见表2-1）。

表2-1 2015—2016年中国航天发展主要政策及规划

时间	主要相关内容
2015年4月	《2015年国防科工局军民融合专项行动计划》（科工计［2015］254号）
	明确提出，启动卫星“十三五”规划编制，研究高分卫星应用产业发展指导意见，建设高分专项成果转化平台，以遥感卫星为突破口，促进卫星资源和卫星数据共享
2015年5月	《中国制造2025》（国发［2015］28号）
	在航天装备重点领域部分指出，发展新一代运载火箭、重型运载器，提升进入空间能力。加快推进国家民用空间基础设施建设，发展新型卫星等空间平台与有效载荷、空天地宽带互联网系统，形成长期持续稳定的卫星遥感、通信、导航等空间信息服务能力。推动载人航天、月球探测工程，适度发展深空探测。推进航天技术转化与空间技术应用
2015年6月	《国家发展改革委关于实施新兴产业重大工程包的通知》（发改高技［2015］1303号）
	在“信息消费工程”部分提出，推进卫星遥感、卫星通信、卫星导航的综合应用以及卫星与其他信息技术和服务的融合应用，发挥中国空间基础设施辐射带动作用，推动卫星应用产业自主创新发展和市场化、规模化发展，为经济社会创新发展提供有力支撑
2015年8月	《高分专项卫星遥感数据管理暂行办法》（国防科工局高分观测专项办公室）
	旨在推动中国遥感卫星应用产业化、国际化，构建商业环境，理清高分数据应用中各相关方的主要关系，完善遥感卫星数据应用推广组织构架，解决数据权属、使用原则、申请流程与颁发渠道等问题

续表

时间	主要相关内容
2015年9月	《〈中国制造2025〉重点领域技术路线图（2015版）》（国家制造强国建设战略咨询委员会）
	航天装备与航空装备共同成为十大重点领域之一。《路线图》结合当前发展需求，提出了以下发展目标： 2020年，形成新一代运载火箭型谱，基本建成主体功能完备的国家民用空间基础设施，满足中国各领域主要业务需求，完成载人航天与探月工程三步走任务，空间信息应用自主保障率达到60%以上，形成较完善的卫星及应用产业链。 2025年，建成高效、安全、适应性强的航天运输体系，布局合理、全球覆盖、高效运行的国家民用空间基础设施，形成长期稳定高效的空间应用服务体系，具备行星际探测能力，空间信息应用自主保障率达到80%，产业化发展达到国际先进水平。 《路线图》明确了运载火箭、国家民用空间基础设施、空间宽带互联网、在轨维护与服务系统、载人航天与探月工程、深空探测六方面的重点产品和重大航天工程、关键共性技术和应用示范工程，引导社会各类资源集聚、推动航天装备的快速发展
2015年10月	《关于实施新兴产业重大工程包信息消费工程空间技术应用专项的通知》（发改办高技〔2015〕2769号）
	通过专项实施，推进卫星遥感技术、卫星通信技术、卫星导航技术的综合应用以及空间技术与其他技术的融合应用，发挥中国空间基础设施辐射带动作用，推动卫星应用产业自主创新发展和市场化、规模化、国际化发展，为经济社会发展提供有力支撑。 围绕夯实应用基础、扩大应用范围、提高应用水平、创新应用领域的总体思路，重点支持空间信息应用服务基础设施建设、京津冀协同发展卫星综合应用示范、“一带一路”卫星综合应用示范、长江经济带卫星综合应用示范以及“互联网＋天基信息＋”应用示范

续表

时间	主要相关内容
2015年10月	《国家民用空间基础设施中长期发展规划（2015—2025年）》（国家发改委、财政部、国防科工局联合发布）
	提出了近十年的发展目标：分阶段逐步建成技术先进、自主可控、布局合理、全球覆盖，由卫星遥感、卫星通信广播、卫星导航定位三大系统构成的国家民用空间基础设施，满足行业和区域重大应用需求，支撑中国现代化建设、国家安全和民生改善的发展要求。 ——“十二五”期间或稍后，基本形成国家民用空间基础设施骨干框架，建立业务卫星发展模式和服务机制，制定数据共享政策。 ——“十三五”期间，构建形成卫星遥感、卫星通信广播、卫星导航定位三大系统，基本建成国家民用空间基础设施体系，提供连续稳定的业务服务。数据共享服务机制基本完善，标准规范体系基本配套，商业化发展模式基本形成，具备国际服务能力。 ——“十四五”期间，建成技术先进、全球覆盖、高效运行的国家民用空间基础设施体系，业务化、市场化、产业化发展达到国际先进水平。创新驱动、需求牵引、市场配置的持续发展机制不断完善，有力支撑经济社会发展，有效参与国际化发展。 通过跨系列、跨星座卫星和数据资源组合应用、多中心协同服务的方式，提供多类型、高质量、稳定可靠、规模化的空间信息综合服务能力，支撑各行业的综合应用；超前部署遥感卫星、通信广播卫星科研任务和天地一体化技术研究；积极开展行业、区域、产业化、国际化及科技发展等多层面的遥感、通信、导航综合应用示范，加强跨领域资源共享与信息综合服务能力，加速与物联网、云计算、大数据及其他新技术、新应用的融合，促进卫星应用产业可持续发展，提升新型信息化技术应用水平
2015年11月	《北斗卫星导航标准体系（1.0）版》（中国卫星导航系统管理办公室）
	中国卫星导航系统管理办公室发布《北斗卫星导航标准体系（1.0）版》，科学推进北斗卫星导航标准体系建设。其中包括基础标准（术语、时空基准）、民用应用标准（通用服务与接口标准、基础应用产品标准、行业应用标准）等。《北斗卫星导航标准体系（1.0）版》的发布将有利于北斗卫星导航产业的生产和交易成本大幅降低，推进产业加速发展，助推北斗走向世界

续表

时间	主要相关内容
2016年3月	《2016年国防科工局军民融合专项行动计划》(科工计[2016]204号) 旨在加快推进国防科技工业军民融合深度发展,在更好支撑国防和军队建设、保障武器装备科研生产的同时,发挥军工优势推动国家科技进步和服务经济社会发展。这是继2015年以来,国防科工局制定的第二个军民融合专项行动计划,以加大工作力度,加强沟通衔接,切实形成合力,推动军民融合解题破题
2016年5月	《国家创新驱动发展战略纲要》(中共中央、国务院) 在"战略任务"部分明确提出发展空间先进适用技术,培育空间经济;大力提升空间进入、利用的技术能力,完善空间基础设施,推进卫星遥感、卫星通信、导航和位置服务等技术开发应用,完善卫星应用创新链和产业链
2016年5月	《关于实施制造业升级改造重大工程包的通知》(发改产业[2016]1055号) 在"航天航空能力建设工程"部分明确了导航基准站升级改造工程、商业航天产品发展工程、卫星应用创新支撑平台建设工程的建设内容。 导航基准站升级改造工程。开展导航定位基准站的升级改造,推动政府涉及精密定位应用的基准站逐步过渡到北斗或北斗兼容系统,采用基于国产核心芯片的接收机和国产软件系统,并针对导航定位基准站建设、数据存储、信息传输存在安全隐患等问题,实施安全防护改造,保障国家地理信息安全。 商业航天产品发展工程。重点发展商业遥感卫星、通信卫星及运载火箭的研制生产线,大幅提高商业航天的生产制造能力,促进航天产业的市场化。重点推动遥感卫星、通信卫星地面系统的生产研制,突破大型遥感接收天线、移动通信地面天线和国产数据处理软件的制造瓶颈,促进航天产业市场化、规模化发展。 卫星应用创新支撑平台建设工程。充分利用空间基础设施卫星数据资源,构建卫星综合应用体系和卫星数据产品生产线,形成支撑多层次应用的空间信息服务中心、技术服务中心和应用服务中心网络体系。基于卫星遥感、卫星导航和卫星通信以及融合新一代信息技术,开展典型行业、典型区域及国际化综合应用示范,加强跨领域资源共享与信息综合服务能力,促进卫星应用产业可持续发展

续表

<table>
<tr><th>时间</th><th>主要相关内容</th></tr>
<tr><td rowspan="2">2016 年
6 月</td><td>《中国北斗卫星导航系统》白皮书</td></tr>
<tr><td>系统诠释了北斗系统发展理念和政策主张，并指出，中国自 2009 年起开始启动北斗全球系统建设，计划在 2018 年，面向“一带一路”沿线及周边国家提供基本服务；2020 年前后，完成 35 颗卫星发射组网，为全球用户提供服务</td></tr>
<tr><td rowspan="2">2016 年
10 月</td><td>《关于加快推进“一带一路”空间信息走廊建设与应用的指导意见》（科工一司［2016］1199 号）</td></tr>
<tr><td>提出了进一步发挥中国空间技术资源优势，推动空间信息产业的市场化和国际化发展，有效推进国家“一带一路”建设工作的总体目标和主要任务。
总体目标：经过 10 年左右的努力，基本建成以东南亚、南亚、西亚、中亚、北非为重点，辐射大洋洲、中东欧、非洲等区域，设施齐全、服务高效的“一带一路”空间信息走廊，成为中国与沿线国家共建“一带一路”的崭新亮点，使中国空间信息产业在走廊区域的市场化、国际化达到世界先进水平，为走向世界奠定坚实基础，惠及“一带一路”沿线国家经济社会发展。
主要任务：通过加速国家卫星系统建设、加强与国际相关卫星系统合作、积极推动商业卫星系统发展、完善空间信息地面应用服务设施、构建空间信息共享服务网络，提升“一带一路”空间信息覆盖能力；助推基础设施建设企业、资源类企业“走出去”和支持现代服务业“走出去”；通过搭建应急服务平台、完善海上空间信息保障、支持跨界河流沿线合作发展、支持企业开展公共服务领域合作经营，提供公共服务产品；积极支持整星出口、促进卫星关联产品及标准出口、鼓励运营服务及应用系统出口，带动空间信息装备与服务出口；加强区域空间信息产业合作；大幅度提高市场化、国际化水平；促进空间信息科技合作与交流</td></tr>
</table>

续表

<table>
<tr><th>时间</th><th>主要相关内容</th></tr>
<tr><td rowspan="2">2016 年
11 月</td><td>国务院印发《“十三五”国家战略性新兴产业发展规划的通知》(国发〔2016〕67 号)</td></tr>
<tr><td>该项规划的第七部分“超前布局战略性产业，培育未来发展新优势”提出：
显著提升空间进入能力。突破大推力发动机、大直径箭体设计、制造与先进控制等关键技术，发展重型运载火箭，保障未来重大航天任务实施。发展快速、廉价、可重复使用的小载荷天地往返运输系统。超前部署具有高空间定位精度的空间飞行器自主导航和飞行技术。
加快发展新型航天器。加强超高分辨率、超高精度时空基准、超高速安全通信、高性能星上处理、大功率电源、新型材料等关键技术研发，研制新型应用卫星。建立先进的载人空间科学实验平台和生命支持系统。发展空间飞行器轻量化小型化技术，推进应用型微、纳、皮卫星规范有序发展。部署和发射新型试验卫星。加快发展临近空间飞行器、可重复使用航天器等面向未来任务的新型航天器</td></tr>
<tr><td rowspan="2">2016 年
12 月</td><td>《2016 中国的航天》白皮书</td></tr>
<tr><td>首提“航天强国”发展愿景，并对未来的重点任务进行了部署：
一是实施航天重大工程，大幅提升自主创新能力。全面完成载人航天、月球探测、北斗导航、高分辨率对地观测系统等国家科技重大专项。启动实施以火星探测为代表的深空探测工程、天地一体化信息网络、空间飞行器在轨服务与维护系统、重型运载火箭等一批新的重大航天工程。
二是建设空间基础设施，大力推动航天技术应用。落实国家空间基础设施中长期发展规划，加强天基系统、地面系统和应用系统统筹建设。大力推动卫星遥感、卫星通信、卫星导航产业化、规模化发展，做大做强卫星及应用战略性新兴产业，加快培育“互联网＋卫星应用”新业态，打造新的经济增长点，为国民经济建设和社会发展做出新的更大贡献。
三是加强空间科学研究，取得一批原创性成果。面向重大科技前沿，遴选并启动实施一批新的空间科学卫星项目，建立可持续发展的空间科学卫星系列。加强空间天文、空间物理、空间生命科学、微重力等空间科学研究，力争在前沿领域取得一批重大发现，深化人类对宇宙的认知。</td></tr>
</table>

续表

时间	主要相关内容
2016年12月	四是推动全面深化改革，营造良好发展环境。构建多元化投融资体系，在保障国家投入的同时，完善竞争、评价、监督和激励等机制，鼓励和引导社会优势资源、优势力量参与航天发展。加快推动航天立法，建立健全法律法规体系，保证航天活动规范有序开展。积极推进航天企事业单位改革，加快建立现代企业制度，完善企业法人治理结构。 五是深化国际交流合作，增进人类社会福祉。积极参与联合国和相关国际组织活动，共同应对人类社会面临的重大挑战。全面推进“一带一路”空间信息走廊建设，实现空间信息互联互通，服务沿线国家经济社会发展。加快金砖国家遥感卫星星座、亚太多任务小卫星星座建设。在载人航天、深空探测、空间科学、卫星通信、卫星遥感、卫星导航、发射测控等方面深入开展国际交流与合作。积极支持中国企业参与国际空间商业活动，推动宇航产品“走出去”

3 创新驱动与航天强国

航天梦是强国梦的重要部分。建设航天强国，已成为新时期中国航天产业的神圣使命和历史责任，是现阶段中国航天产业发展最重要的战略目标。

中国航天从开创之初，就坚持走自力更生、自主创新的中国特色发展之路，在没有现成经验可以借鉴、没有相关资料可以参考的情况下，靠着刻苦钻研、执着探索的精神，创造了以“两弹一星”、载人航天、月球探测等为代表的一系列辉煌成就。在新的历史时期，以创新驱动航天强国建设，是落实建设创新型国家责任的迫切需要，是应对空间经济时代挑战的重要保障，是支撑经济发展方式转变和可持续发展的有效途径，是实现中华民族伟大复兴的关键基础。

3.1 稳步推进航天强国建设

《国家创新驱动发展战略纲要》提出，到 2050 年建成世界科技创新强国。《“十三五”国家科技创新规划》指出，未来五年，科技创新工作将紧紧围绕深入实施国家“十三五”规划纲要和创新驱动发展战略纲要，有力支撑“中国制造 2025”，海洋强国、航天强国、军民融合发展等国家战略实施，充分发挥科技创新在推动产业迈向中高端、增添发展新动能、拓展发展新空间、提高发展质量和效益中的核心引领作用。

结合国家整体发展要求，以及世界主要国家及中国航天发展的客观规律，以创新驱动建设航天强国是中国航天发展的必然选择。

3.1.1 新形势与新要求

3.1.1.1 新形势

全球经济缓慢复苏，经济格局调整，中国经济发展进入新常态。金融危机爆发以来，经过各国政府一系列政策调控，世界经济进入缓慢复苏时期，中低速增长将是今后一个时期的主要特征。欧美国家开始新一轮的“再工业化”进程，发展更高端的制造业，实现战略性新兴产业的重新布局。从中国经济发展来看，“十三五”及未来一段时期，中国经济正在向形态更高级、分工更复杂、结构更合理的阶段演化，处于经济增长速度换挡期、结构调整阵痛期、前期刺激政策消化期“三期叠加”的新常态。认识新常态、适应新常态、引领新常态，已成为当前乃至今后一个时期中国经济发展的大逻辑。

新一轮科技革命正在孕育兴起，中国以建设科技强国为目标，加快创新驱动发展步伐。历史经验表明，经济危机往往孕育着新的科技革命，各国正在积极抢占科技制高点，全球将进入空前的创新密集和产业振兴时代。如今工业 4.0、智能化、3D 打印技术、能源革命、纳米技术、生命技术正处于蓬勃发展时期，显示出广阔的发展前景。2016 年，习近平总书记提出到新中国成立 100 年时成为世界科技强国的奋斗目标。中国制定了《国家创新驱动发展战略纲要》，修订了《促进科技成果转化法》，颁布了《深化科技体制改革实施方案》，将科技创新摆在国家发展全局的核心位置。

党的十八大以来，航天在国家发展中的战略地位更加凸显。2013 年，习近平总书记提出“发展航天事业，建设航天强国”，将航天梦作为中国梦的重要组成部分。在 2016 年 4 月 24 日首个“中国航天日”到来之际，习近平总书记作出重要指示“探索浩瀚宇宙，发展航天事业，建设航天强国，是我们不懈追求的航天梦”。在 2016 年 12 月 20 日会见神舟航天员时，习近平总书记再次强调“星空浩瀚无比，探索永无止境，只有不断创新，中华民族才能更好走向未来。航天科技取得的创新成果极大鼓舞了中国人民的创新信念和信心，为全社会创新创造提供了强大激励。希望广大航天人勇攀高峰，不断前行，为建设航天强国和世界科技强国建功立业”。与此同时，国家将创新驱动、军民深度融合上升为国家战略，将空间安全列为国家四大安全领域，大力实施“一带一路”战略、加快建设科技强国等，其中均提及了航天发展的相关内容，对建设航天强国提出了更高要求。

3.1.1.2 新要求

航天领域创新发展步伐加快，新技术、新模式、新产品不断涌现，要求中国航天必须牢牢把握创新驱动发展这一主旋律。航天从未停止探索创新的步伐，各主要航天国家在经费规模相对有限的情况下，在技术、产品、模式等方面增强创新与未来设计能力，驱动航天新时代的到来。在技术方面，各主要航天国家改进工艺技术，应用新型先进材料、研发增材制造技术、运用工业机器人技术和人工智能技术，带动航天步入智能时代；在产品方面，以美国为代表的航天强国积极探索向具备强抗毁力的弹性太空体系结构转型，而随着小卫星计划、可重复使用运载技术的发展，低成本的新型航天发展思路逐步明确；在管理模式方面，政府、军方管理部门和航天企业等推进多种公私合作模式的探索，并将互联网运营与应用引入航天，采用“分包”“众筹”等多种方式形成商业航天增长点。这意味着中国航天必须牢牢把握创新驱动发展这一主旋律，通过技术创新、管理创新、商业模式创新等全方位创新活动，构筑建设航天强国的核心竞争力。

国际合作逐步成为各国加快航天发展的重要途径，要求中国航天必须走开放合作的发展道路。当前世界航天活动蓬勃发展，国际合作逐步成为各国加快航天技术发展、使之更好的服务人类社会进步的重要方式。美国、俄罗斯作为航天强国，在诸多国际事务方面存在争议，但仍保持航天领域的接触与合作，将其作为支撑两国外交关系的重要手段；美欧、美日同盟的推进始终伴随着航天领域合作的拓展；欧洲空间局通过实施大型航天项目，加速欧洲各国优质资源的合理配置和使用，推动了欧盟一体化进程。随着空间探索更深、更远，中国航天必须走开放合作的发展道路，在载人航天、深空探测、空间科学和空间应用广泛开展国际合作。

中国建设制造强国、科技强国的目标既是航天发展的时代机遇，也是航天发展的使命要求。航天始终是国家重大战略发展的重要抓手，国家加快建设制造强国、实施《中国制造 2025》发展战略，将航空航天装备列为重点突破的十大战略领域之一；国家建设科技强国也提出必须推动空间科学、空间技术、空间应用全面发展。在国家战略的大力支持下，航天进入新的高速发展时代。同时，航天具有技术密集度高、牵引带动作用强、辐射范围广的特点，作为先进制造、高端装备的典型代表，航天需要率先进入世界前列，支撑中国建设制造强国、科技强国宏伟目标的实现。

3.1.2　航天强国的内涵

20 世纪，太空就已经成为人类的第四疆域，它与陆地、海洋、空域一样关系到国家的全局利益。进入 21 世纪后，无论是从推动科学技术发展水平进步、充分利用太空资源，还是从国防科技工业和国民经济社会发展等方面，对一个国家的全局利益和地位都比 20 世纪更为突出和重要。在太空领域的地位已经成为衡量一个国家是否为强国的重要标志之一，而航天产业是决定一个国家在太空领域利益的战略性产业，其强大与否，也成为强国的重要表征。

航天强国是一个相对的概念，当一个国家的航天能力与水平高于世界上绝大多数国家时，即可称为“航天强国”。航天强国是指同时拥有进入太空、利用太空的强大实力，航天产业规模效益并举、具有良好发展潜力和牵引辐射作用，整体实力位于世界航天产业第一方阵内的国家（如图 3－1 所示）。

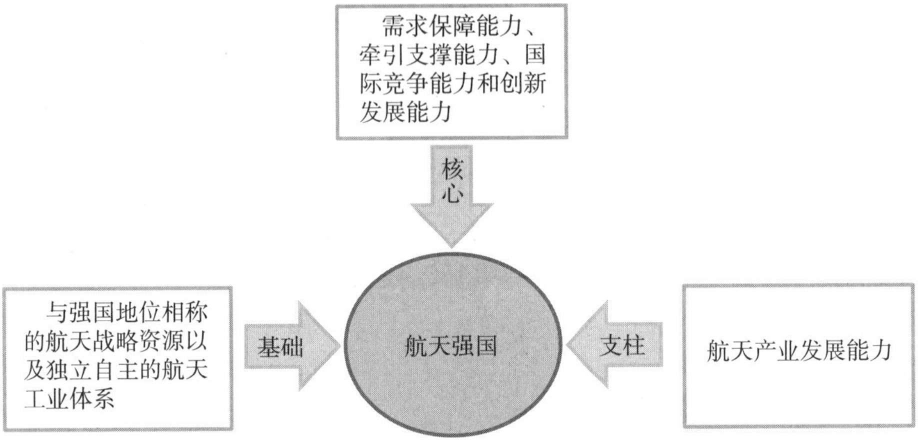

图 3－1　航天强国的内涵

航天强国的基础是拥有与强国地位相称的航天战略资源与独立自主的航天工业体系。具体表现为以进入太空、利用太空为中心的持续连贯的航天活动，技术一流、门类齐全、自主可控、连续成功的航天产品，实现从试验应用型向产业和业务服务型转变，军民融合、产融协调、技术创新与管理创新紧密结合的航天工业体系。

航天强国的支柱是航天产业发展能力。具体表现为形成了多产权主体共存、全社会广泛参与的开放的航天产业市场，形成涵盖空间、地面与终端产品制造、运营服务的航天产业链，以及包括系统集成商、产品供应商、运营服务商的完整产业体系，产业规模大、效益好、集中度高，核心企业集团达到国际一流水平，整体产业实现从先导产业向支柱产业的转变。

航天强国的核心是需求保障能力、牵引支撑能力、国际竞争能力和创新发展能力。具体表现为自主创新能力强、科技发展水平高、产业发展能力强、军民融合程度高、国际竞争能力强、经营管理水平高以及政府对航天发展的引导管理能力强以及上述几方面的协同能力强。

3.1.3 航天强国的核心竞争力

航天强国意味着航天产业具有较强的产业竞争力，根据内涵和特征，航天强国的竞争力主要可以表现在创新能力、技术产品、工业基础、国际竞争力和产业发展 5 个方面。

（1）创新能力

航天强国要具备强大的原始创新和系统集成创新能力，能够率先提出和实践航天领域的新概念、新原理、新方法，并在若干重要前沿领域引领世界航天科技的发展。具体表现为创新能力佳，能自主创造及采用新理念、新技术、新方法、新标准，有效地提供航天服务，获得竞争优势。技术水平先进，创新投入产出比大，综合技术实力强，并在某些领域引领航天技术创新发展的方向。原始创新和系统集成创新成果丰富，积极探索新的领域，率先开展创新性研究项目和重大工程。

（2）技术产品

航天强国要形成体系健全、功能完备、有效管用的空间基础设施和系统，具有全面的太空开发利用能力和强大的装备供给能力。从航天资产及其与国土面积、人口数量的对照来综合衡量，航天资产及航天相关资源的规模位居世界前列。航天器发射次数、制造数量、空间资产与在轨资源规模居于世界前列，建立了自主开发、稳定运行、门类齐全的航天系统及应用体系，航天探索活动持续活跃，活动质量不断提升，技术发展与更新换代系统连贯，航天得到国家战略关注与政府强力支持。

（3）工业基础

航天强国要拥有系统完备的航天工业体系和强大的自主保障能力，能够独立自主的实施航天工程、开展航天活动。建立了独立自主、结构均衡、完整齐全的强大的航天工业体系，关键部组件和核心元器件自给率高，具有先进的产品工艺和制造技术，系统集成商、产品供应商具有强大的技术能力，能够推动行业自身健康持续发展，并牵引、带动、辐射相关行业技术提升和新产业兴起。

（4）国际竞争力

航天强国要拥有一批具有国际信誉度的航天品牌和具有国际知名度的领军人才，在世界航天科技发展和国际航天组织中具有很强的影响力和话语权。行业吸引力、产业竞争力、国际影响力、可持续发展能力以及行业发展模式得到世界各国认可，行业话语权和主导国际航天事务能力强。

（5）产业发展

航天强国建立政府牵引、核心产业集团主导、社会资源广泛参与的市场化运作和军民融合式航天科技发展模式，并对经济发展、科技进步、人民生活条件改善发挥明显的牵引带动和支撑作用。产业规模大、社会和经济效益高、产业自身发展能力强。航天产业增加值大，对经济贡献大，是国家支柱产业或具有较快发展速度的先导产业。行业集中度高，上下游产业协调，市场竞争机制完备。卫星通信广播产业集约化发展，卫星导航产业规模化发展，形成以自主信息源为主的天地一体化遥感服务与应用体系。拥有享誉世界的国际一流跨国企业。航天产业融入全球产业链并占据高端价值链，产业发展的国际环境持续改善。

3.1.4 近两年航天新突破

创新，是中国航天事业发展的永恒动力。2015—2016年，中国空间探索亮点纷呈，空间科学领域取得一批有影响力的研究成果，新一代运载火箭相继顺利发射，天宫二号和神舟十一号载人飞行任务获得成功，高分工程、对地观测系统建设稳步推进，彰显了中国航天的创新实力。在此简要概述运载火箭、航天器方面有代表性的技术创新，展现在航天强国建设过程中的新发展与新突破。

3.1.4.1 运载火箭技术

近年来，按照“通用化、组合化、系列化”设计思路，中国开展了以长征五号、长征七号为代表的新一代运载火箭的研制，并积极开展载人登月重型运载火箭的论证工作，取得了显著的成果。

新一代大型运载火箭长征五号以“大运载能力、高可靠、低成本、无毒无污染、适应性好、安全性高”为研制目标，全面突破以总体优化设计及环境预示技术、5 米大直径箭体结构设计制造与试验技术、120 吨级高压补燃液氧/煤油发动机技术、50 吨级大推力液氢/液氧发动机技术等为代表的重大关键技术，使中国运载火箭的运载能力提高了两倍多。

长征六号采用了全新的总体方案、结构形式、动力系统和电气系统，自主创新成果数十项，发射可靠性提高到 0.98。长征六号运载火箭首次采用高压补燃循环无毒无污染液氧煤油发动机、“三平”测发模式，成功突破高精度控制技术、氧箱自增压技术、燃气滚控技术、箭地一体化快速测发技术等一系列关键技术，顺利完成“一箭二十星”的发射任务。

长征七号运载火箭是中国新一代中型运载火箭的基本型。长征七号运用了三维设计的制造技术，打通了从设计到制造的全三维流程，提升了生产质量和效率；在改进测发方面，采用了“新三垂模式”，仅一次对接就可完成工作，而且前端地面测发控设备在技术区也进行了充分测试，使得转至发射区后出现故障的概率更低。在研制长征七号运载火箭的过程中，突破了先进的补燃循环技术、先进的自身起动技术、大范围推力调节技术、先进的高效燃烧技术、高压大功率的涡轮泵技术等关键技术。

长征十一号作为长征系列火箭家族中第一型固体运载火箭，突破了大型固体发动机、快速测试发射、卫星环境综合保障等关键技术，首次实现了全箭整体储存、星箭快速对接、环境自主保障、高效快速发射，具备全天候 24 小时内完成发射的能力，具有“快速、可靠、便捷、低廉”的优势。

上面级作为航天运载系统的重要组成部分，是提升运载火箭任务适应能力的有效途径。远征二号是针对 5 米直径的长征五号新一代“大火箭”规模研制的“太空摆渡车”，是中国目前规模最大、变轨能力最强、飞得最高的上面级。远征二号能容纳的推进剂是远征一号的2倍多，可将卫星直接送达地球同步轨道。

中国新一代大型、小型、中型火箭——长征五号、长征六号、长征七号都使用120吨液氧/煤油发动机。通过该液氧/煤油发动机台数的模块化组合，中国可形成低地球轨道10—25吨、太阳同步轨道5—15吨、地球同步转移轨道6—13吨的运载能力。120吨液氧/煤油发动机的研制成功，为中国载人航天工程、月球探测工程以及下一步深空探测工程奠定坚实的基础。

3.1.4.2　卫星遥感技术

中国已经掌握遥感卫星的各项关键技术，获取的数据已经广泛应用于国土普查、资源勘探、气象预报和气候变化监测、海洋监测、环境与灾害监测、城市规划等领域。

资源三号01星、02星双星组网运行，形成业务观测星座，可长期、连续、稳定、快速地获取覆盖全国乃至全球高分辨率立体影像和多光谱影像，大幅提升测绘地理信息保障服务水平。资源三号02星在结合用户需求和01星在轨运行经验上进行了技术优化和创新。前后视相机分辨率由3.5米提高到优于2.7米，立体影像分辨率更高，拓展了卫星影像的地物分辨能力；重新设计了多光谱相机的安装结构，使光谱影像与全色影像融合效果更加优异；02星搭载的激光测距仪，通过主动测高的方式将卫星的高程测量精度从5米提高到1米；双星组网运行使卫星系统重访周期从以前的单星5天提高到双星的3天，进一步提高了中国立体测图的业务化运行能力，确保高分辨率立体测绘数据的长期稳定获取。

多颗遥感卫星发射，环境、气象、海洋监测以及防灾减灾能力大幅提升。云海一号01星主要用于大气海洋环境要素探测、空间环境探测等。风云四号01星是中国首颗静止轨道上三轴稳定的定量遥感卫星，在多方面实现了重大技术突破。星上搭载了世界首个静止轨道干涉式大气高精度温度、湿度廓线探测仪，其观测能力是现有观测系统的上千倍；闪电成像仪可对中国及周边区域闪电每秒拍摄

500 张照片，为强对流天气的监测和跟踪提供全新的观测手段，提高对雷电和暴雨等灾害预警水平。

全面建设高分辨率对地观测系统，快速发展遥感技术。高分八号、高分九号顺利发射。高分三号作为中国首颗 1 米分辨率 C 频段多极化合成孔径雷达（SAR）卫星，综合技术达到国际同类卫星先进水平。卫星具备聚束、条带等 12 种成像模式，分辨率最优可达 1 米，首次采用星上自主健康管理系统。高分三号不受云雨等天气条件的限制，可以全天候、全天时监视监测全球海洋和陆地资源。高分四号卫星是中国“高分”专项首颗高轨道高分辨率、设计使用寿命最长的光学遥感卫星，也是目前世界上空间分辨率最高、幅宽最大的地球同步轨道遥感卫星，采用了中国首个高轨遥感卫星平台和首台高轨高分辨率面阵凝视相机，通过突破“小角度快速机动技术”、新研制的“大力矩飞轮”，为中国航天器实现快速机动、高精度、高稳定控制提供了新的技术途径。

3.1.4.3 卫星通信技术

近两年，中星 1C、中星 2C 顺利发射，能够提供高质量的话音、数据、广播电视传输业务；中星十五号/白俄罗斯通信卫星一号能够覆盖非洲大陆，且能够提供跨洲互联网通信服务，助力中国通信卫星领域的国际合作打入欧洲市场。

天通一号卫星是中国卫星移动通信系统首发星，采用了大型可展开天线、低无源互调、单机集成技术等新设备和新技术，卫星的载重比、散热能力等均实现了突破，其优势在于终端的小型化、手机化。天通一号进一步挖掘了东方红四号平台的潜力，使东方红四号卫星平台的能力得到进一步提升与扩展。

老挝一号通信卫星是中国第一颗向东盟国家整星出口的商业卫星，采用了新研制的东方红－4S 平台，使用了达到国际领先水平的新一代星载综合电子等许多小型化、轻量化、模块化技术，具备“小而精”的特点，大大提升了卫星的综合应用效果，填补了东方红 3 号中容量与东方红 4 号大容量平台之间的空白，很好地满足了中等容量、高技术指标的用户需求。

天链一号04星的成功发射，将接替中国首颗中继卫星天链一号01星，助力中国中继卫星系统的更新换代。中继卫星系统技术正在应用于后续的中继卫星、导航卫星、航天运输器等系统的设计和建设。

3.1.4.4 卫星导航技术

近两年，中国共发射了7颗新一代北斗导航卫星，北斗卫星导航系统建设由区域向全球拓展。

新一代北斗导航卫星采用了以高精度星载原子钟、星座自主运行等为代表的载荷关键技术，以轻量化、长寿命、高可靠为典型特征的平台关键技术，基于星地链路和星间链路的卫星运行控制关键技术，以及对关键器件、部组件国产化的试验验证，为后续导航卫星研制、组网建设、在轨保障和相关事件分析积累数据。星载原子钟也被称为卫星导航定位系统的“心脏”，承担着为导航信号提供高稳定的时间频率基准的任务，是决定系统精度、可靠性及寿命的关键设备。星间链路不仅能够提高定轨和授时精度，同时能够减少整个卫星星座对地面布站的依赖，有效降低系统的运行管理成本并提高系统对突发状况的应对能力。

新一代北斗导航卫星是相对目前在轨提供区域服务的北斗导航卫星而言的，主要瞄准北斗系统全球组网需求，承担新型导航信号体制、星间链路等新技术试验验证任务。新一代北斗导航卫星成功发射后，北斗系统服务性能将在现有基础上实现较大提升，系统服务区域将由亚太区域扩展至全球，定位精度将进一步提高，卫星寿命也将由8年延长到10—12年，卫星空间环境防护、抗干扰能力将进一步提高，具备星间链路功能和自主运行能力。

中国正在推进国家综合PNT（定位、导航、授时）体系论证，开展深空、水下、室内等领域定位导航授时关键技术及融合技术研究。

3.1.4.5 空间科学与深空探测技术

近年来，中国探月工程三期稳步推进，火星探测立项实施，成功发射的暗物质粒子探测卫星、实践十号卫星、量子科学实验卫星等空间科学卫星，为前沿科学研究提供了重要手段。

探月工程三期再入返回飞行试验器服务舱于2015年1月4日在地月L2点顺利返回月球后，于2015年1月13日完成近月制动，实现了国际首次从地月L2点回到环月轨道的飞行。通过再入返回试验和服务舱三个阶段的拓展试验，验证了嫦娥五号任务的高速再入返回、月球轨道上升和月球轨道交会对接三项关键技术，为探月工程三期实施打下了坚实基础。嫦娥四号和嫦娥五号研制、试验验证工作正在有序开展，实现了很多技术上的跨越。

暗物质粒子探测卫星悟空是中国第一颗天文卫星，也是目前世界上观测能段范围最宽、能量分辨率最优的暗物质粒子探测卫星，其观测能段是国际空间站上的磁谱仪2号（AMS 02）的10倍，能量分辨率比国际同类探测器高3倍以上，有望在暗物质探测和宇宙线物理两大前沿领域取得重大突破。

中国自主研发的世界首颗量子科学实验卫星突破了一系列高新技术，包括同时瞄准两个地面站的高精度星地光路对准、星地偏振态保持与基矢校正、星载量子纠缠源等工程级关键技术等。中国首颗专门用于监测全球大气中二氧化碳含量的碳卫星，搭载了高光谱与高空间分辨率二氧化碳探测仪和多谱段云与气溶胶探测仪等设备，探测仪采用大面积衍射光栅对吸收光谱进行细分，能够探测三个大气吸收光谱通道，最高分辨率达到0.04 nm。

3.1.4.6 载人航天技术

中国载人航天正处于发展战略第三步，已经成功掌握了出舱活动、交会对接及空间中期驻留等技术，为空间站建设运营奠定了基础。

2016年10月19日，天宫二号空间实验室和神舟十一号载人飞船自动交会对接成功，形成组合体并稳定运行。天宫二号较天宫一号提高了装载量，内部环境更好，机械臂可开展舱外维修，完成了航天员在轨中期驻留技术、推进剂在轨补加技术验证，进行了在轨维修技术试验，开展了多项在轨实验和科普活动。

神舟十一号飞船上配备了宽波束中继子系统，它能极大提高中继终端使用范围和工作能力，确保天地链路可靠性；交会对接技术升级，采用新一代光学成像敏感器（CRDS），升级版的CRDS产品在太阳杂光抑制能力、识别目标敏感度上有了大幅提升；神舟十一号在配置上进行了优化，存储了更多食品、饮水等航天员支持用品，满足航天员中期驻留的需求；改进和优化了热控设计，以消除组合体连续偏航引起的返回舱温度过低、设备容易结露的风险和推进舱、贮箱、发动机温度过高可能超上限的风险。神舟十一号首次建立起了天地远程医疗支持系统，通过天地协同会诊解决航天员的在轨“看病”问题。2016年11月17日，神舟十一号飞船与天宫二号空间实验室成功实施分离。

3.1.5 航天强国评价指标体系构建

美国富创公司、日本宇宙航空研究开发机构、中国航天系统科学工程研究院、北京空间科技信息研究所等国内外研究机构都针对航天强国进行了研究和评价。各机构的指标体系的主要内容及特点见表3－1。

表3－1 国内外航天强国指标体系及特点

指标体系	主要内容及特点
美国富创公司《航天竞争力指数》	根据世界航天产业发展情况对指标体系进行动态调整，涵盖指标较多、较全面，主要关注政府、工业和人力资本3个领域内容

续表

指标体系	主要内容及特点
日本宇宙航空研究开发机构《世界航天技术能力比较》	以支撑航天发展的技术能力为中心评价，分为累计卫星数量、航天运输、卫星平台技术、通信广播、对地观测、导航定位、宇宙科学、载人航天
航天强国评价指标研究	主要关注航天强国的6个主要能力，包括了战略引领、产品系统、技术创新、基础保障和国际主导性
航天强国标志特征及比较研究	从技术先进性、发展自主性、牵引带动性和国际主导性4个维度进行评价，主要关注技术领先、自主发展能力、牵引辐射作用和国际化发展
航天强国硬实力与软实力判断	主要关注硬实力和软实力2个角度，硬实力主要体现在航天产品的技术水平及投入水平，软实力包括文化、航天影响力等

通过对上述指标体系的各级指标进行分析、聚类和总结，从主要评价维度来看，可总结出航天强国指标评价的九大关键要素（见表3－2），包括政府支持、产品系统、产业发展、技术创新、国际影响、人力资源、工业基础、航天文化和牵引带动等。在构建航天强国评价指标体系中，需要综合考虑这些关键要素。

表3－2　航天强国指标关键要素分析

关键要素	航天竞争力指数	世界航天技术能力比较	航天强国指标	航天强国标志特征及比较研究	航天强国硬实力与软实力
政府支持	★		★		★
产品系统		★	★	★	★
产业发展	★		★		
技术创新		★	★		
国际影响	★		★	★	★

续表

关键要素	航天竞争力指数	世界航天技术能力比较	航天强国指标	航天强国标志特征及比较研究	航天强国硬实力与软实力
人力资源	★				
工业基础	★		★	★	★
航天文化					★
牵引带动				★	

3.1.5.1　基本原则

航天强国评价指标体系构建的基本原则有：

1）核心性。衡量航天产业竞争力的指标包括诸多方面，但只有真正能够反映航天强国内涵某一方面特性的核心指标才能被纳入指标体系中。

2）可获性。采用可量化和可获得的指标，包括权威机构的直接统计数据和对相关统计数据进行计算后得到的间接数据，能较准确地反映现实情况并有效提升测算结果的权威性。

3）可比性。注意时间、地点和适应范围的可对比性、适用性、普遍性特点，以便于纵横对比，反映不同国家航天产业发展情况。

4）弱相关性。在满足指标体系设置维度的基础上，尽量选择统计表征上相关性弱的指标，有效提升单个指标的独立性。

3.1.5.2　指标体系

根据航天强国评价指标体系思路框架，经过对国内外评价指标体系的分析、专家访谈及德尔菲调查法，最终形成航天强国评价指标体系，如下所述。

一级指标（3 项）：以竞争力理论为基础，反映航天发展的竞争实力、竞争潜力和竞争环境，包括航天发展水平、航天发展能力和航天发展环境 3 个维度。

二级指标（10 项）：考虑全面性和完整性，反映影响航天竞争力表现的关键因素，包括空间技术、空间应用、空间科学等 10 个维度。

三（四）级指标（55 项）：考虑可获得性、可衡量性和可比较性，选取各领域最具有代表性的指标。其中，对于航天运输系统、卫星及应用、载人航天和深空探测、空间科学等三级指标，为更好反映各领域发展水平，拓展了指标级次，增加了四级指标。

3.1.5.3　评价内容及方法

（1）评价对象

根据构建航天强国评价指标体系的总体目标，设定该指标体系的评价对象为国别评价。根据美国富创公司的航天竞争力指数排名结果，综合考虑航天强国和新兴航天国家等因素，选取中国、美国、俄罗斯、欧盟、日本、印度 6 个国家（地区），进行多国（地区）比较优势的综合评价。

（2）评价方法

为了对航天强国发展状况进行更直观有效的评价，基于对各种评价分析方法优缺点及适用性的分析，采用更容易量化的指数加权法进行综合评价。

（3）权重确定

航天强国评价指标体系选用德尔菲专家调查法确定权重。为保证最终权重得分的科学合理，课题组对中国航天领域的院士、院主管机关领导、厂所领导、型号总指挥、副总指挥、型号总师、科技委委员等专家进行问卷调查。通过信度和效度检验对问卷进行检查和整理，对有效问卷的专家打分结果以每人等权的群决策控制方式，采用加权几何平均的结果集结方法，测算得到航天强国指标体系各指标的权重。

（4）指标值确定

对于定量指标，参考美国富创公司等机构相关研究的测算方法，采取绝对值的判定方法对数据进行无量纲化处理，更加直观地展示国家间的差距。

对于定性指标，采取专家问卷调查方法，进行收集和分析。主要是对中国及对标国家（地区）的航天强国水平进行预估。

3.1.5.4 评价结果

根据航天强国评价指标体系，选取中国、美国、俄罗斯、欧盟、日本和印度六个国家（地区），从航天发展水平、航天发展能力和航天发展环境三个方面，选取了空间技术、空间应用、空间科学、科技创新、人力资源等十个维度，对各国家（地区）的航天强国综合指数进行对标分析，并根据指标体系的评分进行排名。

研究发现：从航天强国综合指数测算来看，2015 年，中国航天强国综合指数得分 48.95 分，排名第四位。

整体而言，中国航天尽管取得重大成就，但与美、俄、欧等世界航天强国相比仍存在一定差距，处于第二梯队的位置。

3.1.6 创新驱动建设航天强国

创新驱动航天强国建设，是在国家创新驱动战略的大框架下，为了实现建设航天强国目标而选择的发展道路。其实质是以自主创新为主要手段，通过开展全方位的创新活动，利用知识、技术、企业制度和商业模式等无形要素对现有的资本、劳动力、物质资源等有形要素进行重新组合，有效提高传统要素的使用效率，增加产品和服务的附加值，甚至创造出新的增长要素，形成可持续的内生增长动力，提升综合实力，最终促进战略目标的实现。

创新驱动航天强国建设是一个关系国家全局利益的战略问题，也是一项复杂的系统工程。通过对国家政策及导向、世界航天强国发展经验及趋势、中国航天产业发展现状的研究和梳理，明确以创新驱动航天发展，是中国现阶段建设航天强国的重要战略选择。

3.1.6.1 总体思路

以科学发展观为指导，始终坚持服务于国家整体战略和航天产业发展战略，以提升国家航天产业自主创新能力为核心，积极推动中国航天产业走创新驱动式发展道路，以技术创新为主线，着力解决制约科学发展的体制机制约束和能力瓶颈，加快建设和完善航天技术、产品创新，促进创新资源的高效配置和综合集成，坚持自主发展与国际化发展相结合，推动中国实现从航天大国向航天强国的历史性跨越，成为创新型国家建设的排头兵。

中国航天产业实施创新驱动发展战略的总体思路是自主创新、重点带动、军民融合、开放发展。

（1）自主创新

中国航天的实践经验表明，自主创新是航天产业发展的基本前提，也是航天产业实现跨越式发展的生命线。因此，自主创新是航天产业实施创新驱动发展的核心，要立足原始创新、集成创新和引进消化吸收再创新，以增强自主创新能力为核心，努力突破和掌握一批关键核心技术，推动航天技术能力持续提升，进一步增强航天产业发展的核心竞争力。

（2）重点带动

载人航天工程、探月工程等一批重大专项工程的实施，为中国航天产业的快速发展提供了契机和平台，是经过实践检验的宝贵成功经验。因此，中国航天产业以创新驱动发展必须坚持重点突破的基本思路，以一批重大工程为载体，探索和积累创新驱动发展的模式和经验，从而带动航天产业整体又好又快发展。

（3）军民融合

军民融合不仅是国家对航天产业发展的要求，也是世界主要航天强国促进创新发展的成功经验。因此，中国航天产业实施创新驱动发展必须秉承军民融合的发展思路：一方面要注重航天技术的转化和应用，将航天产业创新成果应用于国民经济社会各领域；另一方面也要大力引入社会资本、资源和力量，吸收更多的社会创新资源。

(4) 开放发展

国际交流与合作程度日益加深，是当今世界航天产业发展的基本特征，而开放性也是一个创新系统的重要特征。因此，中国航天产业实施创新驱动发展必须坚持开放发展，进一步树立世界眼光和国际化理念，加强国际交流和合作，开拓国际市场，参与国际合作与分工，把利用好两个市场、两种资源作为创新驱动发展的关键要素，有计划、有步骤地推进国际化经营体系建设，融入世界航天产业链，全力聚焦航天价值链的高端，提升航天产业的国际影响力。

3.1.6.2 发展目标

2045年全面建成航天强国，成为世界航天主要科学中心、创新中心和产业中心；全面提升进入空间、利用空间的能力，空间技术有重大原始创新与跨越；空间科学有重大发现；空间应用产业化发展，形成空间经济新业态；形成先进的航天科技工业体系，核心技术自主可控；总体处于世界航天的前列，为建设科技强国、实现中华民族伟大复兴的中国梦提供强大支撑，为世界航天发展及人类文明进步做出积极贡献。

中国建设航天强国的路线分为三步：

1) 2020年，进入航天强国行列；

2) 2030年，跻身航天强国前列；

3) 2045年，在部分重要领域领先世界，全面建成航天强国。

3.1.6.3 主要任务

(1) 全面深化改革，破除体制机制障碍

根据党中央关于全面深化改革、建立社会主义市场机制的总体部署，结合国家科技体制改革、事业单位改革等契机，精心设计、大胆突破、全力推进，破除制约中国航天产业创新驱动发展的体制机制壁垒。大力开展协同创新，完善市场经济下举国体制。围绕多头管理、无序竞争、重复建设、军民融合、研发投入、激励考核和成果转化等问题，结合产业发展实际，选准现阶段能够突破的体制机制问题进行重点突破，让机构、人才、装置、资金、项目都充分活跃起来，形成推进创新驱动发展的强大合力，开创创新驱动发展的新局面。

（2）完善创新系统，提高自主创新能力

围绕使企业成为创新主体，建立和完善各主体、各方面、各环节有机互动、协同高效的航天产业创新系统，进一步完善产业创新环境，加快推进产学研深度融合。重点提升航天新概念、新原理、新领域的原始创新能力和重大航天工程的集成创新能力，深入推进协同创新和开放创新，由跟踪模仿向开创性、原始性创新转变，形成从原材料和部件产品到航天器系统、从基础技术到系统解决方案的全产业创新链条。

（3）瞄准前沿领域，加快赶超引领步伐

紧跟世界航天发展前沿，前瞻性谋划中国航天产业技术发展路线图，明确航天技术创新主攻方向和突破口。通过实施一批重大工程，加大投入力度，着力攻克一批关键核心技术，带动产业整体科技水平快速提升，缩小与世界航天强国在关键领域差距。

（4）推进军民融合，增强牵引辐射作用

大力推进航天技术转化应用，使更多的先进航天技术为国民经济建设和社会发展服务，促进技术创新与产业发展深度融合，更好地发挥航天产业对其他产业和技术发展的辐射牵引作用。鼓励民营资本参与航天产业发展，集聚全社会优势创新资源，激发产业创新活力。

（5）集聚创新人才，加强人才队伍建设

基于航天产业发展需求，全方位集聚不同类型、不同层次的创新人才，搭建人才成长平台，完善激励和评价机制，将人才成长与生产和创新实践相结合，培养和形成一支具有创新精神、规模宏大、结构合理、素质优良的创新型人才队伍，重点造就一批具有国际水平的科技大家、工程大师、企业家和技能大师。

(6) 加大开放力度，提升国际合作水平

进一步树立世界眼光和国际化理念，全方面加强国际合作。拓展国际交流与合作空间，充分利用国际创新资源及市场，积极融入全球航天产业，提升中国航天品牌形象与国际影响力，树立国家高科技形象，在国际航天领域掌握话语权，全面提高中国航天产业国际化发展水平。

中国航天既面临赶超跨越的难得历史机遇，也面临差距拉大的严峻挑战，惟有以建设航天强国目标为引领，谋划发展、重点突破、弯道超车，才能赢得发展主动权，为实现中华民族伟大复兴的中国梦提供强大支撑，为人类文明和社会进步做出重大贡献。

3.2 促进航天军民融合深度发展

军民融合是国家战略，又是富国强军之策。党的十八届三中全会通过了《中共中央关于全面深化改革若干重大问题的决定》，提出引导优势民营企业进入军品科研生产和维修领域，推动军民融合深度发展，并做出全面部署。2014年3月，习近平总书记在出席十二届全国人大三次会议解放军代表团全体会议时再次强调，把军民融合发展上升为国家战略。

航天是军民融合的重要领域，军民融合也是航天发展的必然趋势。要做好航天军民融合这篇大文章，既要发挥国家主导作用，又要发挥市场的作用，努力形成全要素、多领域、高效益的航天军民融合深度发展格局。

3.2.1 航天军民融合的内涵

军民融合或军民一体化是军民资源兼容、互通、共享，采用共同的技术、工艺、劳力、设备、材料和设施，满足国防和民用两种需求。军民融合不同于军民结合。军民结合仍是物理意义上的结合，是两个相对独立系统的协调合作；军民融合是化学意义上的融合，是两个系统基于共同的工业基础、各要素灵活流动、产品相互应用的运行过程。

航天所包含的航天运输系统、人造地球卫星、载人航天、深空探测、航天测控、空间应用、空间科学等都具有典型的军民共用的特征。航天是国防科技工业的重要组成部分，是典型的军民融合高科技战略产业。航天军民融合的内涵是国防工业军民融合的一般涵义与航天自身特点的结合。

作为国防科技工业的重要组成部分，航天军民融合是将航天建设与经济建设、社会建设融为互联、互通、互动的体系，全面推进经济、科技、人才等各领域的融合，将具有军事属性的航天设备、设施、资源、技术、产品、人才、服务与民用属性的相关内容进行不同程度一体化整合，使航天服务国防和军队现代化建设体系与服务国民经济建设体系深度融合。

3.2.2 航天军民融合的特色

航天军民融合的特色表现在三个方面。

第一，航天技术本身具有军民融合特性。航天技术涉及空间物理、空间无线电、天线技术、动力技术、材料技术、信息化技术等多领域技术，涉及基础科学中的多个知识板块，多为军民通用性的技术和知识。区分航天军用和民用的关键不在于航天技术、产品本身，而在于采购、使用方的应用。因而除军事专用和核心先进技术外，航天可以最大限度进行军民融合。

第二，航天需求具有军民融合属性。例如，进入空间的能力，既是军用航天发展所需，又是民用航天、商用航天发展不可缺少的条件，是军民商用航天融合发展的有力载体；又如航天研发的对地观测卫星、通信卫星、导航定位卫星、科学实验与技术试验卫星等四大类、20 多个系列在军民领域均有广泛的需求，具有军民共用的属性。

第三，航天的固定资产具有军民通用性。航天研发设施、发射设施、运营设施、地面站设施等一系列资产绝大部分具有军民资产通用性，民用制造业可以承担部分不涉密环节的任务，军用制造业也可以进行民用生产。

3.2.3 努力形成军民融合深度发展格局

就现阶段来看，中国军民融合发展刚进入由初步融合向深度融合的过渡阶段，军民融合整体效益与巨大潜力亟待进一步挖掘。加快形成军民深度融合发展格局，需要继续推动航天体制机制改革创新，从需求侧、供给侧同步发力，从组织管理、工作运行、政策制度方面系统推进，继续把军民融合发展这篇文章做实，切实打造军民融合的龙头工程、精品工程，为实现中国梦做出更大的贡献。

3.2.3.1 航天军民融合效益将进一步提升

发挥举国体制的优势推动重大科技工程创新，是新中国成立以来在国防建设、科技重大工程建设等众多领域积累的经验，“两弹一星”、载人航天工程就是其中的代表。现阶段，随着社会主义市场经济不断发展，新型举国体制与经济社会发展的重大需求结合更为紧密，注重融合共享和市场在资源配置中的作用。例如，在资源配置方面，政府通过公布项目目录、制定政策引导资源，突出企业的主体地位；在制度设计方面，以政府财政投入为保障，吸引社会各类资源参与。在此背景下，航天将坚持发挥新型举国体制优势，在重大工程的论证、研制、成果应用转化各环节将更加开放，发挥更为显著的牵引带动作用，航天军民融合效益将更为突出。

3.2.3.2 航天军转民、民参军将更为活跃

航天军转民实力增强。以航天产业为牵引的军民融合产业基地将更快发展，逐步建设成为具有特色的科技实体。一是成为军用航天技术向民用转化的孵化基地，成为进入国民经济建设的实践场；

二是吸引人才的吸铁石，成为军用航天人才和民用航天人才相互兼容的人才库；三是成为吸纳民间资本发展航天的蓄水池。

航天投融资体系更加多元。探月工程将向社会资本开放，鼓励社会资本、企业参与嫦娥四号任务。这是国防科技工业扩大军工开放、加强资源共享，推动军民深度融合的重要举措。

航天民参军领域不断拓宽。中国已经有数千家民用企业参与到载人航天的生产、研制中，包括电子行业、元器件、原材料、飞船材料等很多方面，大数据等一系列新兴技术也正在与航天技术深度碰撞，多主体参与的航天体系将在技术突破、科学发现、航天技术转化应用各领域绽放活力。

3.2.3.3 航天军民融合发展法律法规体系更为健全

从世界发达国家的发展经验看，突破军民深度融合发展瓶颈、促进国防工业军民融合的关键问题是健全法律法规体系，为航天军民融合提供环境与条件。中国相继颁布并实施了《关于鼓励支持和引导个体私营等非公有制经济发展的若干意见》《关于建立和完善军民结合寓军于民武器装备科研生产体系的若干意见》等法律法规，《航天法》的制定工作也在切实推进。针对航天军民融合的不同领域，着眼于军民融合发展的新趋势，专项法规政策的修订完善也将更有效保障各方权益，促进航天军民融合深化。

3.2.3.4 航天军民深度融合激励机制更为有效

建立有效的军用航天和民用航天人才相互兼容、互为依存、互为补充的机制。完善人才自由流动机制和灵活使用机制，促进军、民领域人才交流、不同体制单位人才交流、国际人才交流等。经过航天科研院所实践，构建技术人才整体转移模式，是推进军民两用技术互用互通、融合发展的有效方式，能够有效衔接和解决科技成果产业化过程中的技术难题，促进区域经济的产业升级。

完善军民用航天人才培养和激励机制。完善航天科技成果转移机制，深化科技成果权益管理改革，确保科技成果创造者的权益，积极创造适合专业人才潜心专业创新的工作环境，充分调动科研人员的积极性和主动性。激励机制构建需要与盈利渠道匹配，既要建设短期激励机制，也要完善中长期激励机制。

完善军民用航天人才评价体系。合理分配资源，集聚优势资源，杜绝人才培养的马太效应，为中青年创新专家的成长创造条件。完善现有管理机制，建立创新成果价值评价机制，结合中国航天实际，不断完善、细化科研人员考核标准，完善对科研成果、经营管理成果、对外合作交流成果的系统量化考评，增强科研人员与机构成果转化应用的动力。改革科技评价考核中片面追求论文数量，以论文数量评判能力的状况。对基础研究，要看其是否对学科发展有贡献，是否“顶天”；对应用成果则倡导“把论文写在产品上，研究做在工程中，成果应用在企业里。”加强对各类航天人才的评级和鉴定，针对不同类型的人才制定不同的考核指标，引入航天人才成熟度的方法，做到科学、公正、量化、牵引。

3.3 空间经济成为推动经济发展的新动力

随着科技的发展，航天技术的应用正在向航海、通信、气象、地球勘测领域延伸，空中交通控制、运输、自然资源管理、农业、环境和气象监测、娱乐等领域也在运用航天技术。航天技术的应用推动了其下游产业的发展，催生了新兴市场。近年来，与航天相关的活动已经从单纯的科研活动，延伸到了商业领域。一些应用航天技术的信息科技产品和服务市场已经达到了一定规模，例如卫星电视和 GPS 接收器；太空主题公园、亚轨道飞行等一些与航天相关的观光旅游活动也开始出现。

在“新太空”力量兴起、美欧航天国家加紧布局新太空格局的背景下，基于航天产业为基础的空间经济，以其独有的产业特征、稳定的增长速度与巨大的发展潜力，正在受到世界主要航天国家以及社会各界的广泛关注。

3.3.1 空间经济的概念

2016 年 5 月，中共中央、国务院印发的《国家创新驱动发展战略纲要》提出了“发展空间先进适用技术，培育空间经济”，这是近年来“空间经济”（Space Economy）首次出现在国家官方的正式文件中。

空间经济是伴随航天科技的快速发展、航天产品和服务的广泛应用而逐渐产生和形成的一个新的概念和范畴。美国航天基金会、美国国家航空航天局（NASA），以及经济合作与发展组织（OECD）等国际组织和机构，以及国内一些专家和学者，都曾提出过“空间经济”或“航天经济”的概念。美国航天基金会和 NASA 对空间经济的定义主要从太空探索活动过程中产生的产品和服务的角度进行定义；OECD 定义的空间经济内涵中，除了包括太空活动产生的产品和服务，也包括探索和利用太空资源过程中产生的衍生产品、知识以及对经济社会产生的各类效益。

3.3.1.1 狭义与广义的空间经济

就当前的发展来看，“空间经济”这一概念已经超出航天产业的范畴，是用一个显著特征对当前时代进行概括的社会概念，是人类以太空为活动场所，或以太空资源为利用对象的各类活动的总称，包括了以宇宙探索为核心的高新技术、产品、产业、服务以及由此形成的全社会或区域性的技术发展模式、经济运行模式、社会生活方式等内容。其基本内涵是：空间经济是开发、利用和保护太空的各类产业活动，以及与之相关联活动的总和。

根据经济活动与空间的关联程度，可将空间经济的内涵分为两个层次来理解：

一是狭义的空间经济，指直接开发利用太空资源与太空空间而形成的经济活动，具体来说就是航天产业，即与制造送入地球轨道或轨道以上的要素、以及将其送入地点并提供服务相关的经济活动，简要概括为制造、发射、服务三个过程。

二是广义的空间经济，指为空间开发利用提供条件，以及直接应用空间开发利用结果的经济活动，包括以各种投入产出为联系纽带，与狭义空间经济（航天产业）构成技术经济联系的上下接口产业。例如，太空相关基础学科和理论研究等；为空间活动提供支撑的新材料、高端装备制造业；以及航天活动衍生出的增值服务产业，如卫星广播、电视、导航和太空旅游等；以及未来太空资源开发利用，如小行星矿产资源开发等。

3.3.1.2 空间经济的活动范畴

空间经济的活动范畴会随着其发展而不断演化和丰富，需要用动态的眼光来界定其外延。从产业链和价值链的角度，基于活动空间和活动内容对空间经济的结构进行描述。

在 20 世纪航天技术刚刚兴起的时候，人类的太空活动区间还仅限于近地轨道，最初的空间经济雏形仅仅包括单纯的航天器制造和发射，以及相应的科学研究等活动。

随着技术的发展和市场需求的扩大，特别是随着卫星应用不断成熟和扩展，空间经济的范围得到了极大的拓展，卫星运营及衍生服务成为目前空间经济中最重要的组成部分。

与此同时，随着地球资源的日渐枯竭，开发和利用空间资源已经成为人类发展的必然趋势，与之相伴的是空间经济的疆域将得到爆发式延展。在可以预见的未来，空间资源利用，如矿产资源、水资源、太阳能电力资源等以及太空旅游、太空殉葬等新兴的产业范畴和发展态势，都将纳入到空间经济的范畴。而空间资源的开发利用，类似于现有海洋资源的开发利用一样，将成为空间经济未来发展的重要组成部分，并创造出巨大的价值。

综上，空间经济的活动范畴主要在地球和空间两个维度，活动内容从价值链的角度分为支撑保障服务、制造和发射、空间运营服务和消费者服务四个主要维度。其中，除卫星运营服务发生在空间段外，其余主要经济活动目前均在地球表面进行。

由此，空间经济可以将相关的经济活动划分为支撑保障服务、制造及发射、空间运营服务、消费者服务四大部分（如图 3 - 2 所示），每一部分的内容将随着航天活动与航天技术的发展出现更新与扩展。

支撑保障服务：主要包括科研教育产业，为空间经济活动提供科学、技术和人力资源输出；材料、电子等相关产业，主要为空间经济活动提供原材料、元器件等保障。

制造及发射：主要指运载火箭、空间基础设施等航天器的制造和发射活动，这是空间经济活动的核心，尽管其产出的经济价值在产业链中不高，但却是连接空间与地面的最重要保障。

空间运营服务：主要指卫星通信、导航、遥感的空间段运营服务。

消费者服务：主要指通过卫星运营服务，反馈到地球上的、为消费者提供的各种服务，如通信、导航、遥感信息应用、卫星电视广播等。

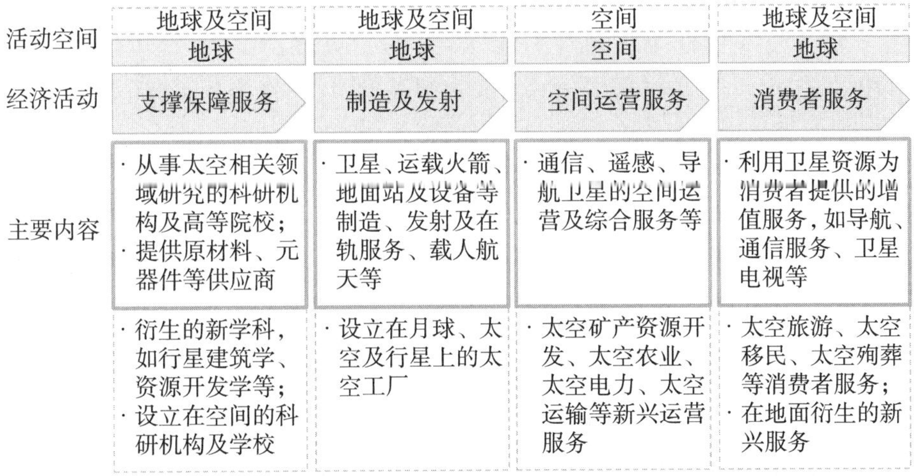

图 3 - 2　空间经济的构成要素

随着空间经济的发展，现有的产业链和价值链的内容将得到丰富。例如，在制造及发射环节，随着空间站技术的发展和进步，太空工厂将应运而生，将经济活动的范畴由地球拓展到太空。在消费者服务领域，目前的消费者服务仍以地球上的生产活动为主，但未来太空将成为消费者服务的重要领域，太空旅游、太空移民等新兴业态和模式都将应运而生，极大地拓展空间经济的外延。

3.3.1.3 空间经济带来的效益

空间经济是高新技术产业最重要的领域之一，是未来经济发展的支柱产业，不仅能够推动国家经济实力的增强和社会的进步，同时能够反映综合国力的提高，其对国民经济和社会发展的重要性已得到世界各国的充分认可。

相对于一般的经济活动，空间经济活动具有较强的创新性、系统性和带动性等特点，因此关于空间经济的效益度量，也必须考虑直接和间接效益、经济和社会效益等不同维度。总体上看，关于空间经济的效益度量目前仍是一个十分困难而又复杂的问题，其计算理论与方法在国内外尚未形成共识，主要通过定性与定量相结合的方法进行分析和评价。

参考经济合作与发展组织以及美国、英国等关于空间效益研究的相关成果，根据航天技术经济学相关理论，将空间经济的效益分为经济效益、社会效益和远期机会效益三种类型，其中，经济效益和社会效益都是近中期效益，而远期机会效益主要是指短时间内难以看到成果的长远效益。在每一种效益中，都可以进一步划分为直接效益和间接效益两种类型，其中，直接效益是空间经济活动直接对相关领域发生影响所产生的效益，而间接效益是通过某种转化过程后所产生的效益。

经济效益是指能够用定量方法通过货币计算价值的效益，包括两个方面。一是空间经济发展对本部门及国民经济其他部门提供的经济效益；二是太空相关技术发展对科学技术所做出的贡献，由于太空活动的开展将在极大程度上促进各科学技术部门的发展，而科学技术的进步和发展本质上是社会生产力的提高，因此也可以纳入经济效益的范畴。

空间经济效益如图 3－3 所示。

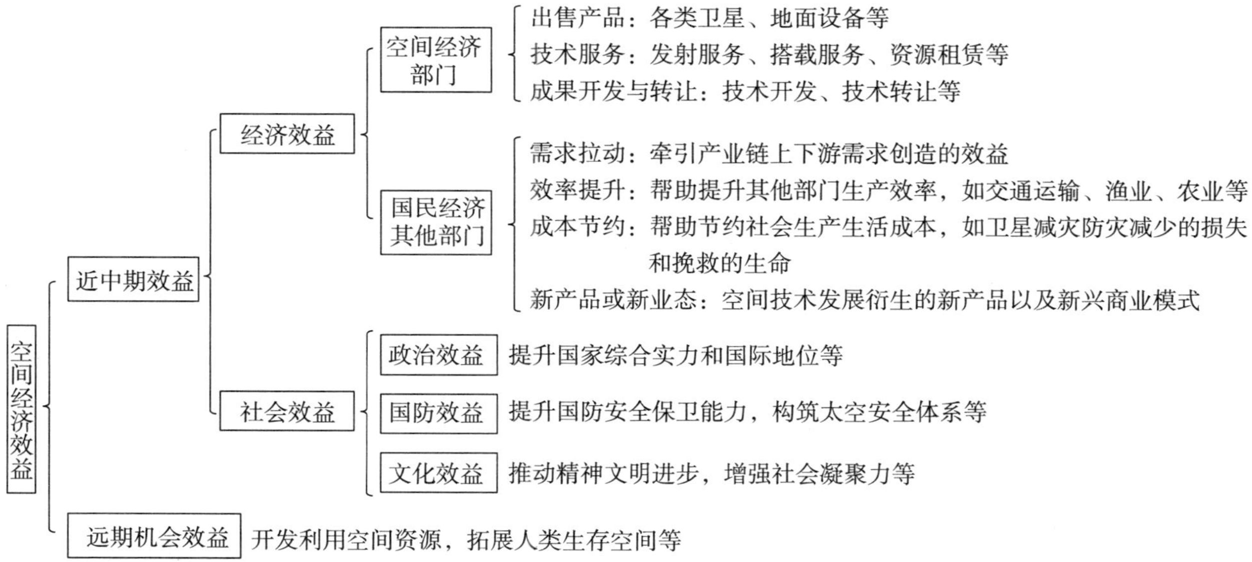
空间经济效益
近中期效益
经济效益
空间经济部门
出售产品：各类卫星、地面设备等
技术服务：发射服务、搭载服务、资源租赁等
成果开发与转让：技术开发、技术转让等
国民经济其他部门
需求拉动：牵引产业链上下游需求创造的效益
效率提升：帮助提升其他部门生产效率，如交通运输、渔业、农业等
成本节约：帮助节约社会生产生活成本，如卫星减灾防灾减少的损失和挽救的生命
新产品或新业态：空间技术发展衍生的新产品以及新兴商业模式
社会效益
政治效益
提升国家综合实力和国际地位等
国防效益
提升国防安全保卫能力，构筑太空安全体系等
文化效益
推动精神文明进步，增强社会凝聚力等
远期机会效益
开发利用空间资源，拓展人类生存空间等

图 3-3　空间经济效益

社会效益是指对国家上层建筑、文化、社会生活等方面贡献的效益，具体可包括政治制度、国家稳定、国防、外交、国际关系、文化传统、全面教育、意识形态、国民素质、社会生活、精神文明等方面，这些效益无法用定量数据直接表示和计算，大多采取定性方法进行分析和阐述。

远期机会效益是指通过空间经济发展对人类长期发展所产生的效益，是对空间科学技术研究和认识的潜在价值，这些效益可能要通过几代人的努力才能够显现，如空间资源的开发利用、太空移民等。这些效益可能远远超出现有的社会经济形态的范畴，但在发展空间经济过程中，这是必须考虑的机会效益，如果现阶段不大力推动空间经济的发展，将会丧失未来的发展机会和空间。

基于空间经济具有的巨大现实及潜在效益，作为一种高科技、低碳环保、强带动性的新兴经济形态，空间经济已经成为未来全球新的经济增长点，能够对经济社会发展起到巨大的引领和带动作用。

3.3.2 发展空间经济是适应空间活动长远发展的需要

近年来，商业航天等新兴航天能力的发展使美欧航天活动发生着深刻的变革，新兴的航天企业将竞争更多的引入航天领域，加速传统航天企业重新思考并调整太空开发的思路。物联网、云计算、大数据等新一代信息技术，微系统、纳米技术、先进制造、人机交互等高技术迅猛发展，日益融入航天科研生产和应用服务中，天基互联网、个性化定制遥感应用、商业天基气象服务等新概念层出不穷，正推动新太空时代的到来，正在赋予空间经济更加丰富的内涵。

3.3.2.1 空间经济是不容忽视的新的经济增长点

美国航天基金会发布的《航天报告（2017）》把空间经济划分为政府航天预算和商业市场收入两部分。报告显示，截至 2016 年，全球航天产业收入达到了3390亿美元，其中，商业航天活动占全球空间经济的76%，总计2530亿美元。从2006—2016年十年的发展趋势来看，全球空间经济的规模是2006年的1.5倍，年均增速4.5%。美国卫星产业协会（SIA）于2017年6月发布的《卫星产业状况年度报告》指出，2016年全球卫星产业总收入约为2605亿美元，占全球航天产业收入的比重超过77%，十年间增长约2倍；占卫星产业总收入49%的卫星服务业总收入1277亿美元，其中，大众通信消费业务收入占卫星服务业总收入的比重达82%，成为驱动卫星产业发展的重要力量。

空间经济正在以“目前尚未被完全理解和重视的方式改变着人类生活”。空间经济广泛渗透进国民经济各领域中，其实际的规模已经超越了可计量的范畴，日益呈现出高战略性、高关联性、高促进性和高增长性等特征，成为世界政治、经济、科技发展和人类生活的重要组成部分。

3.3.2.2 商业航天成为推动空间经济发展的新生力量

商业航天是空间经济未来发展的蓝海。世界主要航天国家和组织都在大力推进商业航天发展，其业务范围正从传统的商业卫星发射、商业卫星应用，扩展到商业载人航天等领域。商业航天能够提供从航天器设计、建造、发射、运营在内的一整套服务，以低成本、高效率、高可靠实现客户需求，展现出强大的创新力、竞争力。

新兴的商业航天公司出现，一些互联网巨头进军航天，将为商业航天领域带来新的思维、理念与新的发展模式，从而为空间经济的发展注入新的活力。国外在空间运输、卫星遥感等方面的商业化进展显著，涌现出以太空探索公司、轨道科学公司、数字地球公司为代表的一批商业航天公司以及猎鹰火箭、龙飞船、高分辨率商业遥感卫星为代表的全新商业产品及配套服务。

3.3.2.3 国外空间经济业务领域正在实现新的突破

美欧等航天国家政府高度重视空间经济的发展，除了加大对卫星应用等传统空间经济业务领域的支持之外，制定出台了多项促进商业航天及新兴业务领域发展的政策，为新兴业务领域的发展提供了有利的环境。

美国在 2015 年发布的《商业航天发射竞争力法》《鼓励私营航空航天竞争力与创业法》等，有力推动了航天公私合作关系的发展，为未来空间经济新业务的开拓准备了政策条件。尤其是《商业航天发射竞争法案》为太空旅游提供了有利的监管环境，同时首次确立了美国公司从外空资源开采中获利的权利。卢森堡政府计划投资 2 亿多美元，支持太空采矿业创业企业的研发和技术验证活动，并将起草《卢森堡航天法》，为太空采矿企业提供法律保护。目前，美国深空公司和行星资源公司已和卢森堡政府达成合作意向。2016 年 3 月，俄罗斯从事太空旅游业务的私营企业“太空旅行”公司，从俄罗斯航天国家公司获得“太空旅行可重复使用系统”项目的研发许可，这是俄罗斯私营企业首次获准开展亚轨道载人飞行业务。英国的维珍银河公司、美国的 XCOR 公司和蓝色起源公司正在为游客提供亚轨道太空游项目。迄今为止全球已有 7 名游客搭乘俄罗斯的联盟号飞船抵达国际空间站，进行为期 10 天左右的轨道飞行。

3.3.3 培育和发展空间经济正当其时

中国航天事业经过六十年的建设，特别是近二十年来的快速发展，在空间科学、空间技术、空间应用等领域得到长足进步，航天工业体系和空间基础设施建设进入到了一个新的历史阶段。从过去单一卫星研制应用，转入到天地一体化发展的新阶段，这个阶段就是卫星应用、航天产业，乃至空间经济协调发展的阶段。

3.3.3.1 促进互联网思维、业务模式创新与空间经济相融合

空间经济发展要与信息技术和信息产业深度融合。信息社会需要万物互联、天地一体、人机融合，实现人、设备、机器等万物互联互通，水、海、陆、空、天互联互通，机器、人与设备相互融合。因此，信息社会的发展必然要走向空间经济。要建立空间基础设施及相应的平台，信息技术和航天技术需要相互融合发展，并把互联网思维建立在研发、产品与运营的融合能力之上。

空间经济发展要与商业模式创新相互促进。传统的航天企业与初创的航天企业都是空间经济的塑造者，传统理念与新型模式之间有竞争也有合作，是空间经济发展、产业形态优化的良性推动力。设计与制造流程的优化、产品研发的开放化、价值链的一体化、合作方式的灵活化等都是新太空时代发展起来的业务模式，最终都是为了生产制造、发射、运营各环节更加经济高效。

3.3.3.2 以卫星应用为突破口，促进航天技术的广泛应用

发展空间经济，更广泛的应用是关键。卫星产业作为空间经济的重要组成部分，包括了卫星制造、发射服务和卫星应用。就当前的发展状况来看，中国对卫星的应用还有待进一步挖掘。在把卫星造好的同时，更要把卫星用好，做好卫星应用，发挥出卫星等空间基础设施更大的效益。因此，卫星应用需要加强市场化发展，大力培育面向用户的技术服务提供商，帮助用户学会如何扩大卫星应用，在用当中更好地推动技术发展。

要更加广泛地应用航天成果，必须要创造条件真正实现卫星数据共享和成果转化；航天技术成果转化得好，把制造卫星、火箭和发展载人航天和深空探测的新技术、新产品推广应用，军民融合发展，为空间经济创造巨大的产业发展空间。

3.3.3.3 加快新兴业务领域开发，创造新的经济增长空间

航天科学技术及其创新与应用将创造出更多新的产品与业务形

态，服务大众生活、社会发展与技术进步。太空旅游、太空互联网等是具有广阔市场空间的新兴领域。

太空旅游存在两种模式：一是通过航天基地、设施、主题乐园等吸引游客观光体验；二是游客付费乘坐太空船进行亚轨道或轨道太空飞行。目前中国发展的太空旅游主要是第一种模式。征服地心引力、自由翱翔太空是人类的天性。近年来随着工业 4.0、3D 打印等颠覆性创新技术的不断涌现，以及可重复使用航天运载技术的快速发展，人类进入空间的成本不断降低，第二种太空旅游模式将逐渐成为现实。

太空互联网是一个大型复杂的网络，具有独特的三维覆盖能力，即广域复杂网络拓扑构成能力、广域互联网交互连接能力和特有的广域广播与多播能力，能够支持全球互联网、远洋航行、应急救援、航天测控等重大应用的同时，向下可支持对地观测的高动态、宽带实时传输，向上可支持深空探测的超远程、大时延可靠传输，从而将人类科学、文化、生产活动拓展至空间、远洋，乃至深空。当前在积极部署的太空互联网计划中，如果其中有一个成功，“地球村”将不再只是一个概念，而将成为现实。

空间经济是一个多学科和多项技术交叉融合的领域，从卫星研制、火箭发射，到数据传输、处理应用，整个链条很长；发展空间经济，需要技术、经济、企业管理以及政府宏观政策和社会管理等多学科交叉集成创新，逐步实现卫星应用、航天产业与空间经济的协调发展。

鉴于空间活动的国际化和空间应用在解决经济社会重要问题中发挥出的重要作用，在可以预见的未来，空间领域和空间经济都将会蓬勃发展。

4　航天技术应用产业发展

中国将卫星制造及应用产业纳入战略性新兴产业中高端装备制造业的重点领域，先后出台了以《国家民用空间基础设施中长期发展规划（2015—2025年）》《国家卫星导航产业中长期发展规划》等一系列促进卫星制造及应用产业发展的相关政策，强化产业支持力度，助推产业发展。卫星应用产业发展迅速，业务化应用和产业化发展的基础正在形成。

4.1　卫星通信广播

中国卫星通信应用产业实现了快速成长。卫星通信产业规模已经超过500亿元。各类固定、车载、便携卫星通信地面站点超过10万个，全国直播卫星开通用户已超1亿户。随着2015年9月12日通信技术试验卫星一号的顺利发射，中国卫星宽带通信业务已进入试验应用阶段，能够更好满足在远程教育、广播电影电视传输和边远地区双向通信等方面的应用需求。

4.1.1　通信卫星资源和能力

截至2016年年底，中国在轨运行的通信卫星达到36颗，东方红四号公用平台已得到广泛应用，新型卫星平台如下一代超大型平台东方红五号和全电推进平台等研制工作正在积极推进。但目前在移动卫星通信、卫星直接广播方面资源较为有限，2016年发射了天通一号卫星移动通信首发星，目前主要以应用国外系统为主；卫星直接广播领域仅有中星九号一颗卫星。中国通信卫星资源和能力见表4-1。

表4-1 中国通信卫星资源和能力

领域	资源和能力
固定卫星通信	中国在轨商业通信卫星数量36颗（分属于中国卫通集团有限公司、亚太卫星控股有限公司、亚洲卫星有限公司）
移动卫星通信	中国尚无自建的卫星移动通信系统，仅发射了一颗移动卫星通信首发星。目前主要应用的国外系统有：国际移动卫星（Inmarsat）系统、格鲁达（Garuda）系统、铱（Iridium）星和全球星（Globalstar）系统
卫星直接广播	主要包括世广卫星直播系统和中国广播电视卫星直播系统。世广卫星直播系统是由世广国际有限公司创建，主要包括亚洲之星、非洲之星和美洲之星。其中，中国通信广播卫星公司是亚洲之星在大陆地区相关业务的独家代理。中国广播电视卫星直播系统包括中国第一颗直播卫星中星九号，共有18台36 MHz和4台54 MHz带宽的Ku频段转发器，有向全国地区直播150～200套标准清晰度数字电视（SDTV）节目的能力，可供全国97%以上的居民接收符合收视质量标准的广播电视节目

注：表中数据截至2016年12月31日。

4.1.2 规模与结构

中国卫星通信广播服务主要业务类型是固定通信和广播业务，移动通信业务份额很小，固定卫星通信仅作为地面通信网的补充和延伸，卫星电视广播明显落后于地面有线电视的发展。主要应用领域包括电视广播、公众网卫星链路、行业专网、应急通信、媒体传送、证券信息和视频会议、远程教育等。据统计，2016年中国民用卫星通信广播产业总体收入大约200亿元（不包含卫星制造与发射），主要由卫星通信服务、卫星电视广播服务和卫星地面设备制造三部分构成，收入主要集中于转发器租赁。

根据“2015中国国际卫星应用展览会”信息发布会透露，2013年中国固定卫星通信用户（以终端计）4.5万，移动和便携式用户（以终端计）3.5万；未来中国市场移动性终端和宽带性终端将迎来较大增长，预计2016年规模可达10万，2020年约50万；未来5年中国通信卫星地面应用系统的投入规模年均增长率为23%。

在通信卫星制造领域，中国空间技术研究院是中国通信卫星制造的主体，成立了专门的通信事业部，已成功研制、发射了20多颗通信卫星。在国际化方面也取得较大进展，先后签订了12个商业出口订单，完成了4颗国际商业通信卫星履约，产品标准和建造规范得到了国际认可。2014年4月1日正式向玻利维亚航天局交付玻利维亚通信卫星及地面测控和应用系统；2015年11月21日成功发射老挝一号卫星，全面启动老挝一号卫星的商业运营工作。

在卫星运营领域，中国卫通集团有限公司（以下简称中国卫通）是中国卫星通信领域从事卫星运营服务的核心专业公司，目前运营管理着12颗优质的在轨商用通信广播卫星，主要覆盖中国全境、澳大利亚、东南亚、南亚、中东及欧洲、非洲等地区，卫星资源出租率为74%－80%，并在2015年首次跻身全球卫星固定业务运营商10强，名列第9位。

在通信服务提供领域，目前国内约有40余家甚小口径终端（VSAT）服务提供商和上百家专用卫星通信网，还有休斯网络等部分企业提供虚拟专网运营服务。

在地面设备制造领域，目前国内市场仍以国外产品为主，主要代表企业有美国Direct公司、卫讯公司、以色列吉莱特公司和欧洲诺达公司等，占据了较大的市场份额。国内相关企业尚处于起步发展阶段，但近年来发展较好。例如，航天恒星研制的Anovo卫星通信系统产品实现了国产化零的突破，打破了国外VSAT产品垄断的局面，2015年底发布了最新的Anovo 2.0产品，基本实现了终端各类元器件和软件的国产化。

在卫星直播领域，截至2016年12月8日，中国直播卫星用户总数达到10478万户，村村通户户通成为全球用户规模最大的卫星直播系统。直播卫星已经成为中国农村地区群众接收广播电视的主要方式，同时户户通实现了技术上由标清向高清的迈进。

4.2 卫星导航

近年来，北斗产业从芯片、模块、元组件等基础产品，到整机终端、系统集成，直至服务产业，初步形成了完整的产业价值链，改变了以往导航芯片、板卡等大量应用部件依赖进口的被动局面。随着中国北斗导航系统逐渐向全球服务扩展，在国家政策的支持下，北斗导航系统产业化应用迎来了关键发展期。

4.2.1 导航卫星资源及能力

北斗系统建设稳步推进。2015—2016年，中国共发射7颗新一代北斗导航卫星，北斗卫星导航系统由区域运行向全球拓展。新一代北斗导航卫星是相对目前在轨提供区域服务的北斗导航卫星而言，主要瞄准北斗系统全球组网需求，承担新型导航信号体制、星间链路等新技术试验验证任务。新一代北斗导航卫星成功发射后，北斗系统服务性能将在现有基础上实现较大提升，系统服务区域将由亚太区域扩展至全球，定位精度将进一步提高，卫星寿命也将由8年延长到10—12年，卫星空间环境防护、抗干扰能力得到进一步提高，具备星间链路功能和自主运行能力。

稳步推进北斗地基增强系统（CORS）和北斗星基增强系统（BDSBAS）建设。覆盖全国的北斗地基增强框架基准站网已建成，并初步完成基本系统研制建设；北斗系统将按照国际民航标准，开展北斗星基增强系统设计、试验与建设，为中国及周边地区民航等用户提供Ⅰ类精密进近服务。

4.2.2 规模与结构

2016年中国卫星导航与位置服务产业保持高速发展，总体产值已突破2000亿大关，达到2118亿元，较2015年增长22.06％。未来几年仍将呈现高速发展态势，总产值还将以每年20％—30％的速度增长。

北斗基础产品发展迅速，已完成初期培育。2016年，包括与卫星导航技术直接相关的芯片、器件、算法、软件、导航数据、终端设备等在内的产业核心产值达到808亿元，北斗对产业核心产值的贡献率已达到70％，国内行业市场和特殊市场中，北斗兼容应用已经成为主流方案，大众市场正在向北斗标配化发展。

卫星导航与位置服务市场需求总量有较大提升。2016年，国内导航定位终端产品总销量突破5.3亿台，其中具有卫星导航定位功能的智能手机销量达到5.1亿台，带北斗功能的数量超过30％。汽车导航后装市场终端销量达到800万台，汽车导航前装市场终端销量突破550万台，各类监控终端销量在600万台左右，高精度定位接收机14万台/套。

行业应用市场和大众应用市场广泛拓展。2016年，北斗应用更深入渗透到交通运输、车船监管、电力、农业、渔业、公安、林业等诸多行业和领域；在监控跟踪类可穿戴式设备、移动健康医疗、城市快递、互联网汽车、电动自行车安防和共享单车等大众应用市场细分领域获得重大突破；北斗产品和服务在警用和防灾减灾等细分市场获得大量部署，使得特殊市场总体保持稳定增长。

一些新的规模化应用市场逐渐显现。北斗约车、北斗放牧、北斗时空表等新生业态出现。电动自行车安防、共享单车、城市智慧管线等新兴应用市场，虽然规模较小，但已经显示出其巨大的生命力。摩拜单车已全面支持“北斗＋GPS＋格洛纳斯”三模卫星定位；ofo单车与北斗导航实施战略合作，推出北斗智能锁，实现车辆精细化管理，推动建立共享单车行业定位技术新标准。

4.3 卫星遥感

中国形成了陆地资源卫星、气象卫星、海洋卫星三大民用遥感卫星系列以及环境减灾小卫星星座，大大提升了中国对地遥感观测能力。其中，自主数据源用户范围覆盖气象、测绘、防灾减灾等20多个领域，国产数据占有率不断提高；以国土、海洋、气象、环境、减灾为代表的重大行业卫星应用逐步进入多尺度、多要素融合以及大数据量应用阶段；高分对地观测工程顺利推进，打破高分市场长期被国外占据的被动局面；吉林一号、北京一号、北京二号等卫星的成功发射和在轨运营，标志着中国遥感应用领域逐步实现商业化、产业化发展。

4.3.1 遥感卫星资源及能力

高分辨率对地观测系统重大专项（简称高分专项）稳步推进。近两年，共成功发射4颗高分遥感卫星，国防科工局重大专项中心组织创建了高分应用综合信息服务共享平台，在27个省级应用区域设立了高分数据与应用中心，中国进入全面建设高分辨率对地观测系统的阶段。高分专项成为中国在卫星遥感领域进行双边、多边国际交流与合作的重要推进力，促进中俄、中巴（西）、中埃（及）、中印（度）之间的合作，为开展“一带一路”空间信息走廊建设、金砖五国星座计划等也打下了坚实基础。

中国气象观测卫星、遥感系列卫星、商业遥感卫星均有新成员加入，提升了中国遥感数据的获取能力，开拓了遥感应用商业模式。

中国首个海外陆地卫星接收站——中国遥感卫星地面站北极接收站，于2016年12月在瑞典基律纳通过现场验收并投入试运行。历经两年建设完成的北极站具有全天候、全天时、多种分辨率卫星的接收能力，其落成运行极大提高了中国对全球遥感数据的快速获取能力，对自然灾害等需要快速响应的遥感应用具有重要意义。

4.3.2 规模与结构

《2016中国地理信息产业报告》指出，中国地理信息产业2016年产值约为4360亿元，同比增长20.1%。地理信息产业近两年多来空间布局集聚效应明显，地理国情普查、农村土地确权、数字城市和智慧城市建设等重大工程带动效应显著，地理信息企业规模和公众市场不断扩大，产业发展质量得到显著提升。

截至2016年7月，高分卫星数据已在18个行业、1800多家单位得到了广泛应用，其中，高分卫星数据应用于国土资源、农业、环保等12个行业的主体业务，已带动公共安全、审计等6个业务应用上台阶。各行业已经累计使用数据近600万景。高分卫星16 m数据已全部替代进口，2 m/8 m数据替代率80%以上，1 m/4 m数据也部分替代进口数据。由于高分数据的应用，还使得国内市场上的国外卫星数据价格大幅下降，分辨率低于2 m的国外卫星数据已基本退出国内市场。

高分专项目前已在27个省级行政区域建立了高分辨率对地观测系统省级数据与应用中心，积极向区域用户分发数据，多方调动各种社会资源扩大应用领域，取得了一大批应用成果。

遥感卫星商业化正在推进。中国已经逐步公布了一些商业卫星公司的遥感小卫星星座规划，有些星座已经开始布局并组网发射。

中国航天科技集团有限公司于2015年9月成立了四维高景卫星遥感有限公司，该公司于2016年布局了中国首个自主研发的0.5 m分辨率商业遥感对地观测卫星星座；中国航天科工集团有限公司筹划与国内卫星应用企业联合发起商业遥感卫星计划，建设30余颗卫星组成星座。吉林一号卫星开创了中国自主研发遥感卫星商业应用的先河，以民用高分辨率遥感图片需求为切入点，可提供更为精准的地理信息；北京一号小卫星系统的顺利运营成功探索了一种由政府支持、企业运行、商业服务的民用航天产业化发展的全新机制。

4.4 中国航天技术应用产业发展指数

为客观评价、动态跟踪中国航天技术应用产业的综合发展状况，本书编制并持续发布中国航天技术应用产业发展指数。该指数是评价中国航天技术应用产业年度经营发展形势、评判未来发展前景的综合性指标。

4.4.1 指标体系

从产业经营现状和产业可持续发展能力两方面，综合数据的可获得性和连续性，选取相关评价指标构建中国航天技术应用产业发展指数评价指标体系（见表4-2）。该指标体系设立3个一级指标，7个二级指标，采用层次分析法确定各层级指标的权重。一级指标分别为产业经营指数、劳动力指数和研发指数，通过产业经营指数反映航天技术应用产业当年经营现状，通过劳动力指数和研发指数反映航天技术应用产业未来可持续发展的能力。

表4-2 中国航天技术应用产业发展指数评价指标体系

准则层	指标层
产业经营指数	营业收入增长率
	利润总额增长率
	净资产收益率
劳动力指数	R&D人员比重
	本科及以上人员比重
研发指数	R&D经费支出比重
	R&D人员人均R&D经费

4.4.2 样本企业

遵循企业在所处行业领域内具有较强代表性的原则，该指数选取了航天技术牵引和航天技术成果应用领域的25家上市公司（见表4－3），作为编制中国航天技术应用产业发展指数的样本企业。《中国航天发展蓝皮书（2015）》测算中国航天技术应用产业发展指数的样本企业为24家，本次测算新增一家样本企业，即康拓红外，该公司于2015年5月15日首次在创业板公开发行A股。

这25家上市公司与航天技术应用产业密切相关，不仅包括提供卫星通信、卫星导航、卫星遥感等卫星运营服务的主要公司，还包括以电子信息技术、特种装备制造、自动控制、节能环保等航天技术应用相关领域的主要公司。

表4－3 25家上市公司及其业务范围

板块	企业简称	主要业务
导航	北斗星通	导航定位产品、基于位置的系统应用、基于位置的运营服务
	振芯科技	围绕北斗卫星导航应用的“元器件—终端—系统”产业链提供产品和服务
	合众思壮	“测绘与地理信息”“北斗电子工程”“空间数据应用”“大众导航”“位置服务”五大业务板块
	中海达	以高精度卫星定位产品、光电测绘产品、海洋探测产品为主的空间数据采集装备、数据及行业应用解决方案等业务
	四维图新	导航电子地图与技术服务

续表

板块	企业简称	主要业务
通信	亚洲卫星	卫星转发器服务、卫星电视广播及电信服务
	亚太卫星	卫星转发器服务、卫星电视广播和数据服务
	协同通信	提供专用卫星通信系统的核心元件及方案，卫星通信系统地面终端设备和解决方案等
	中国全通	提供卫星通信应用解决方案及服务和终端部件
	航天通信	通信服务
导航、通信、遥感及其他跨领域	中国卫星	卫星研制和卫星应用
	航天电子	航天电子专用产品的研发与生产
	数字政通	智慧城市管理
	海格通信	导航定位、民用通信产品
	超图软件	地理信息系统基础平台软件、应用平台软件的研发和销售
	四创电子	雷达及雷达配套、导航接收机等
	华力创通	卫星应用业务、雷达与通信业务、仿真测试业务等
	启明信息	汽车管理软件的研发与服务、汽车电子产品的研制与相关增值服务、应用集成系统等
衍生领域	奥普光电	光学测控仪器
	航天电器	继电器、连接器、电机、遥测遥控设备、伺服控制系统
	航天动力	泵及泵系统、电机产品、化工生物设备、液力传动产品
	航天科技	电力设备、环保监测产品、汽车电子仪表、石油岩土仪器
	航天长峰	电子信息类、医疗器械及医疗工程、机床及数控系统等
	航天晨光	改装车产品、工程机械产品、管类制品、汽车贸易、容器类产品
	康拓红外	红外线轴温智能探测系统、车辆运行故障图像检测系统、机车车辆检修自动化立体库等

4.4.3 指数分析

以 25 家上市公司 2010—2016 年年度报告数据为基础，依照评价指标体系，分别测算出 2011—2016 年六年中国航天技术应用产业发展指数。对比六年测算结果，中国航天技术应用产业发展指数呈现以下特征。

（1）中国航天技术应用产业发展指数保持稳定增长态势

自 2013 年以来，随着航天技术应用产业整体形势的好转，中国航天技术应用产业发展指数实现稳步提升，由 2013 年的 0.265 逐年提高至 2016 年的 0.357（如图 4－1 所示）。

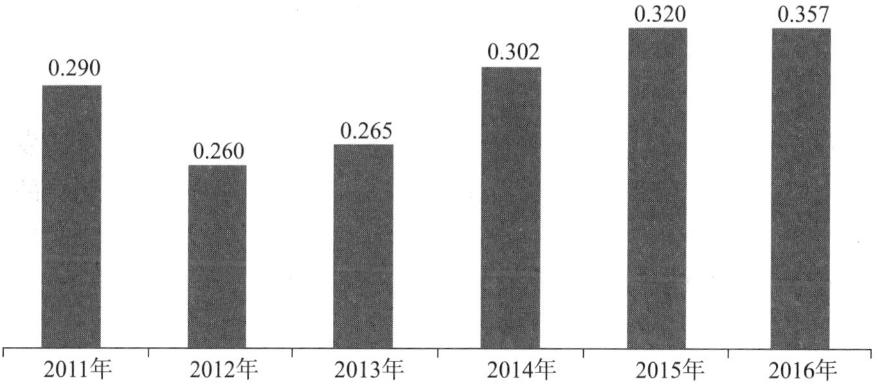

图 4－1　2011 — 2016 年“中国航天技术应用产业发展指数”情况

（注：按照 2016 年的同比口径，对部分样本公司的历史数据进行了调整）

（2）产业经营指数表现稳健

2015—2016 年，产业经营指数保持稳定小幅提升。近年来，国内卫星导航产业总体保持高速发展态势。2014—2016 年，导航企业整体营业收入年均增速超过 50%，以北斗星通、合众思壮、四维图新等公司为代表的卫星导航类企业，营业收入实现了快速增长；在北斗导航、卫星通信业务以及公司并购活动的拉动下，航天电子、海格通信、四创电子等跨领域公司的营业收入也实现快速增长，跨领域企业整体营业收入年均增速超过 50%。

中国航天技术应用企业在营业收入实现快速增长的同时，出现了一定程度的效益下滑。2013—2016 年，中国航天技术应用产业整体净资产收益率呈逐年下降趋势，净资产收益率由 2011 年的 8.8%逐年下降至 2016 年的 5.9%，近半数企业的效益出现下降。

（3）劳动力指数出现小幅调整

2011—2015 年，劳动力指数均保持小幅增长，从 2011 年的 0.342 提高至 2015 年的 0.371；2016 年，劳动力指数因部分公司业务并购、人员总量变化出现了小幅调整，降至 0.328。但是，整体来看，2011—2016 年中国航天技术应用企业员工整体素质仍处于较高水平，高学历员工比例保持在近五成水平，研发人员比重也一直保持 20%以上。业务素质较强的人才队伍、稳定的研发人员数量，为企业后续开拓市场、提升核心竞争力打下良好的基础。

（4）研发指数逐年实现增长

2011—2016 年，研发指数逐年增长，从 2011 年的 0.428 提高至 2016 年的 0.841，表明中国航天技术应用企业越来越重视研发活动。总的来看，研发经费投入处于不断上升的趋势，研发人员的人均研发费用也增长了一倍。对科研投入的重视，有利于中国航天技术应用产业增强创新能力，助推产业的转型升级和可持续发展。

5　航天技术与社会发展

航天技术是进入、探索、利用和控制太空以及地球以外天体的综合性工程技术，是牵引带动时代变革的重要技术领域之一，主要通过直接和间接应用两种途径服务于社会发展，对社会发展和人们的生活产生了广泛而深刻的影响。

5.1　直接应用

近年来，随着通信、导航、遥感等应用卫星的快速发展，越来越多的卫星应用产品和服务深入到生产、生活的方方面面，牵引并实现了很多先进性、颠覆性、引领性的技术革新，有效替代了诸多领域的传统生产和生活方式，极大地提高了生产效率和生活质量。

5.1.1　卫星通信广播

卫星通信受自然和环境的因素影响较小，能覆盖其他地面通信手段难以覆盖的区域，并可以获得比较稳定的通信质量，因而在广阔的海洋、沙漠，还有偏远地区通信中具有较好的应用优势。

[案例 5－1] 卫星宽带全球服务网有力支撑智慧海洋运输

中国航天科技集团有限公司依托其在通信卫星研制和卫星运营方面的独有优势，在国内首创自动波束漫游技术，并在 2014 年中国（北京）国际海事技术与装备展览会上首次推出了“海星通”服务品牌。“海星通”基于中国自主控制的通信卫星网络，可为远洋航行的船只和海上油气田作业平台提供 Ku 波段卫星通信服务。与国际海事卫星组织的同类服务相比，它具有两个突出优势：一是通信价格更为便宜，二是通信安全更有保障。这两点优势对于正在大力发展海洋贸易和国际业务拓展的中国企业来说十分重要。

自 2014 年起，中国航天科技集团有限公司以中国自有的中星、亚太系列卫星资源及北京、香港、喀什、斯里兰卡主站为基础，结合国际合作卫星资源，大力推进宽带卫星全球网布局。2015 年 5 月，欧洲主站开通服务，完成了“一带一路”中国以西海上和陆地通信覆盖。2016 年 1 月，增加了中澳航线及南亚、东亚的卫星宽带覆盖。2016 年 4 月开通了北美 1 号主站，完成了北大西洋航线的通信覆盖，服务范围拓展到了北美。2016 年 7 月，开通北美 2 号主站，标志着北太平洋航线全面开通，并拓展了北美 1 号主站在南大西洋的服务，中国第一个自主可控的卫星宽带全球服务网正式宣告组网成功。

自此，中国的船舶无论是航行到亚洲、欧洲、非洲、澳洲、还是地球另一半的大西洋，都可以直接接入到“海星通”的宽带卫星通信服务网中，实现信息传输、视频监控、视频会议等丰富的应用。“海星通”全球网的主控中心在北京，对中国航运企业来说，可以真正安全可靠地把总部的管理，无缝地延伸到全球大洋上的每一条船上。对于远洋船员来说，“海星通”全球网为他们提供了性价比极高的个人通信服务，开通微信、QQ、邮件服务，让天涯不再遥远、让家人就在身边，体现了卫星通信的人文关怀。

［案例 5-2］天通一号 01 星顺利升空，实现手机卫星移动通信

在 2008 年汶川大地震中，当时大区域通信断绝，给救灾带来极大的困难。卫星电话特别适用于类似情况的紧急通信以及海上通信，在野外地质勘探、偏远地区救灾或者在地面通信网络遭遇自然灾害时发挥作用。为解决这类问题，中国发展了自己的卫星电话中继端。2016 年 8 月 6 日，天通一号 01 星顺利升空。天通一号01星是由中国航天科技集团有限公司负责研制的中国首颗移动通信卫星，也被誉为“中国版的海事卫星”。中国航天科技集团有限公司成功研制了天通卫星手机，能覆盖中国陆地及整个南海，该手机是首部使用天通系统的智能手机（如图5－1所示），可自由切换卫星通信与地面通信模式，兼容3G和4G网络，支持短信、微信、视频及资料传输功能，支持北斗卫星导航系统和美国GPS系统。

图5－1　2016年珠海航展上展出的首部使用天通系统的智能手机

［案例5－3］卫星通信拓展电视直播、机载通信等新应用领域

2016年，在第31届夏季奥林匹克运动会期间，由中国航天科技集团有限公司研制的中星6A卫星、委内瑞拉通信卫星、巴基斯坦1R通信卫星、老挝一号卫星等卫星成为国内外卫星电视奥运直播任务的主力军。

2016年6月20日，海南航空公司首架互联网飞机，也是中国第一架互联网787－9梦想飞机，由北京喜乐航科技股份有限公司

(以下简称喜乐航)为所有用户提供免费、免预约卫星上网服务。微信与喜乐航合作,探索优化了原有的流程,解决了飞机上网连接微信的问题。11 月 1 日,全球鹰娱乐集团(GEE)宣布与中国国航、中国联通、中国卫通合作,开始在中国国航的一架波音 777 飞机上执行工业和信息化部批准的机载宽带服务商业试飞。此次机载宽带服务商业试飞,让机上的乘客不但可以访问互联网,还可以访问中国国航自主品牌的娱乐门户网站。

5.1.2 卫星导航

近年来,国家将北斗系统与信息化发展等战略深度融合,让作为国家重要空间基础设施的北斗系统,能更好地为各行各业服务。

[案例 5-4] 北斗在农林渔业中的推广应用

2015 年,农业部出台了《关于开展主要农作物生产全程机械化推进行动的意见》,提出探索北斗卫星精准定位、自动导航、物联网等现代信息技术在农机装备上的应用,进一步推动农机装备升级换代。根据多年实践经验表明,引入卫星导航的精准农业技术能够使不同地区、不同条件下的作物增产 3%到 50%,显著降低农业生产的人力、资金和原材料(种子、肥料、农药、能源等)成本,由此降低的投入占总成本的 1%到 50%不等。北斗卫星导航系统的高精度服务,可有效支持现代精准农业,充分利用农业资源,产生显著的经济效益和环境效益。

2016 年,北斗农业应用已经不仅局限于新疆生产建设兵团与黑龙江农垦,北斗农业应用的足迹遍布大江南北:北京、辽宁、山西、湖北、江苏、上海、浙江等省市逐渐享受到北斗系统带来的农业机械自动化的便捷。北斗应用逐渐渗透到起垄播种、土地深松、作物收割、秸秆还田等农业生产工序。北斗地基增强系统与北斗农业深度融合,使得北斗农业机械化之路更加顺畅,北斗高精度优势与服务,在农业应用中凸显。北斗系统结合农田管理系统，实现可视化、集成化、系统化应用，让农业现代化的脚步不断加快。

2016 年，北斗林业应用持续推广，各大林业局、国有林场、国家湿地公园，纷纷下发北斗林业巡护终端，装备护林员。有了北斗林业终端，森林防火、资源监管、病虫害防治等情况通过北斗终端进行实时采集和上报，可以对林地情况进行科学有效管控，实现了“数字林场”。此外，如果林地出现灾害，北斗林业终端也可以第一时间上报灾情信息，迅速组织力量控制灾情。

截至 2016 年年底，中国渤海、黄海、东海、南海等海域的 5 万多条渔船装上了北斗终端。北斗系统能够进行快速的位置报告，同时具备短报文功能。在通信手段不健全、不发达的地区，北斗系统优势便会凸显。渔民有了北斗终端，可以跟手机进行并网运行，从而解决了渔民海上通信需要，同时为沿海岛礁信息传输提供了非常良好的手段。北斗＋互联网＋电商平台＋水产的“海上鲜”平台，让买卖双方即时获取渔船在海上的捕捞信息，使海鲜买卖在海上就能洽谈交易。

［案例 5－5］北斗卫星精准位置服务在智慧城市管理中大显身手

为深入推进北斗卫星导航产品和服务在中国各行业和领域的规模化应用，促进北斗产业发展壮大，中国卫星导航定位协会和中国位置网服务联盟主导的国家北斗精准服务网应运而生。国家北斗精准服务网是中国国家和地方大量社会化地理信息应用的有效驱动平台，能够全面提供契合需求的位置服务，在智慧城市管理中的优势被深度认可，并精准地服务于越来越多的城市和行业。

中国燃气作为中国最大的跨区域能源服务企业之一，城市燃气业务遍及全国 28 个省、市、自治区，旗下子公司已超过 600 家，拥有 300 多个城市燃气项目，燃气管网总长 10 万多千米，燃气供应覆盖中国城市人口接近 1 亿。当燃气管线出现问题时，北斗卫星导航系统可将精度定位 1 m 范围内，使技术人员快速、准确找到问题管线的位置并进行修复。北斗系统的精准位置服务已广泛应用于燃气管网的智能巡检、作业管理、施工管理、设施普查、闸井检测、防腐检测、泄露检测、应急开挖、应急救援等环节，大幅度强化了燃气管网管理的精细度和深入度，从本质上提高了管网建设、运营、安全等业务的管理能力和水平。

2016年，在城市燃气、城镇供热、电力电网、供水排水、智慧交通、智慧养老等多种行业的迫切需求下，国家北斗精准服务网已经为全中国超过300座城市的各种行业应用提供北斗精准服务。

[案例5-6]"北斗"方便日常出行

公交车安装北斗系统，可以实现采集实时动态公共交通信息，依托智能调度系统专业分析工具，通过对北斗基础数据的多轮筛选与综合计算，确定全时段的准确周转时间，并按照标准发车间隔、实际周转时间和满载率三项标准，重新编制和执行全新的行车时间表，可以最大限度减少等待时间。在此基础上配合公交APP实时查询软件，让人们查询路线时不再心里没底，等车时不再望眼欲穿，公交出行尽在掌握中。北斗在公交领域的应用已经不单纯是车辆定位的简单应用了，未来基于北斗的大数据分析，将为人们的出行带来更多的便利。

目前部分共享单车采用了北斗系统进行定位。小黄车与北斗位置服务平台合作，推出北斗智能锁，为没有卫星定位、不方便找车的小黄车提升了一大截用户体验；此外，还将利用北斗智能锁，划定停放区域，为共享单车管理域维护提供技术支撑，解决共享单车乱停乱放的问题。

北斗户外终端的开发可以为户外探险爱好者保驾护航。如果户外探险爱好者在偏远又没有手机信号的戈壁、荒漠、深山、丛林中遇险，北斗独有的短报文功能，在没有地面通信信号的情况下，可以向服务中心发送探险者的位置，并可以实现一键求救。而且，目前的北斗户外终端都采用了防水防摔的功能，保障在户外探险时北斗终端的可用性。

5.1.3 卫星遥感

遥感卫星在中国国民经济各领域中已经取得了较为广泛的应用，发挥了应有的效益。随着卫星性能的提升，其社会服务能力进一步增强，应用范围更为广阔。

[案例 5－7] 民用立体测绘更精更快

资源三号 01 星主要承担中国基础地理信息精细观测的重任，实现了中国陆海全境面积 99%的有效覆盖，打破了高分辨率卫星影像长期依赖进口的局面，为中国基础地理信息数据库更新、地理国情监测、“天地图”公共服务平台建设等国家重大测绘工程发挥了核心数据源的重要作用。此外，向中国测绘用户以外的其他用户，如地矿、水利、农业、林业、环保等行业提供了大量影像，也向国际上其他国家提供了高质量的影像产品，成为全球对地观测的重要组成部分，使中国跻身于国际上少数几个掌握测绘卫星技术的国家行列。据统计，截至 2016 年 5 月，资源三号 01 星已累计提供近 2 亿平方千米影像数据，其直接经济成本高达 23 亿元人民币，间接产生经济效益约 100 亿元人民币。

2016 年 5 月 30 日，性能全面提升的资源三号 02 星在太原卫星发射中心成功发射，并与之前的资源三号 01 星组网运行，大幅提升测绘地理信息保障服务水平。双星在轨组网工作期间，将为更新 1∶50000 全球基础地理信息提供高精度、长期、稳定、连续的数据源，为构建新型基础测绘体系提供影像数据保障；缩短影像获取周期，保障地理国情常态化监测对高分辨率卫星影像数据的需求；具有任意一点快速重访能力，提高灾害应急测绘服务水平；满足智慧城市建设对卫星影像数据需求量和时效性的要求；减少并逐步解决对国外数据源的依赖，并向其他国家提供高质量的卫星影像产品，对于开拓国际市场、服务“一带一路”国家发展起到积极作用。

[案例5-8] 高分四号卫星助力减灾防灾

高分四号卫星是中国乃至世界首颗地球同步轨道高分辨率对地观测光学成像遥感卫星。高分四号卫星配置有一台可见光分辨率达50 m/中波红外分辨率达400 m的凝视相机，通过分色装置，可实现全色、蓝、绿、红、近红外等5个波谱段切换成像，还能实现可见光近红外谱段与中波红外谱段的同时成像。在高分四号卫星发射前，国际上位于地球同步轨道上的高轨遥感卫星以气象卫星为主，主要用于大气海洋监测和灾害性天气的预警预报，分辨率都在数千米至几百米的较低级别上。高分四号卫星首次将高轨遥感卫星分辨率提升到几十米分辨率级别，这在国际上尚无工程实践的先例，代表中国静止轨道遥感卫星分辨率的最高水平。

2016年6月13日，高分四号投入使用。在轨测试期间，民政部、中国气象局、国家林业局、中国地震局等用户部门和其他用户单位，积极利用高分四号卫星影像数据开展测试应用，在中国南方洪涝灾害（如图5-2所示）、四川凉山火灾以及俄罗斯远东地区森林火灾监测等方面取得了重要成果。同时，高分四号卫星对京津冀、长三角、珠三角等重点地区连续高频次拍摄的影像，为环保部利用冬季时间窗口查找大气污染源提供了有力支撑。

随着高分四号卫星的进一步应用，其在防灾减灾中的应用效益将持续增大。高分四号卫星可在短时间内对大范围的地表环境进行全域监测，特殊情况下1天内即可完成中国国土全境的覆盖。通过对大区域多时期的持续观测，可以发现地表的变化情况和趋势，分析出致灾风险程度，为灾害高风险点的精细监测提供依据。高分四号卫星所具有的机动灵活和凝视观测特点是静止卫星的独特优势，能够及时捕捉到洪涝、雪灾、旱灾、火灾、大型滑坡泥石流等灾害的范围，并能对灾害的发展演变进行持续跟踪监测。同时，针对中国不同地区多灾并发情况，可以通过机动巡查成像方式，实现准实时的同步观测。

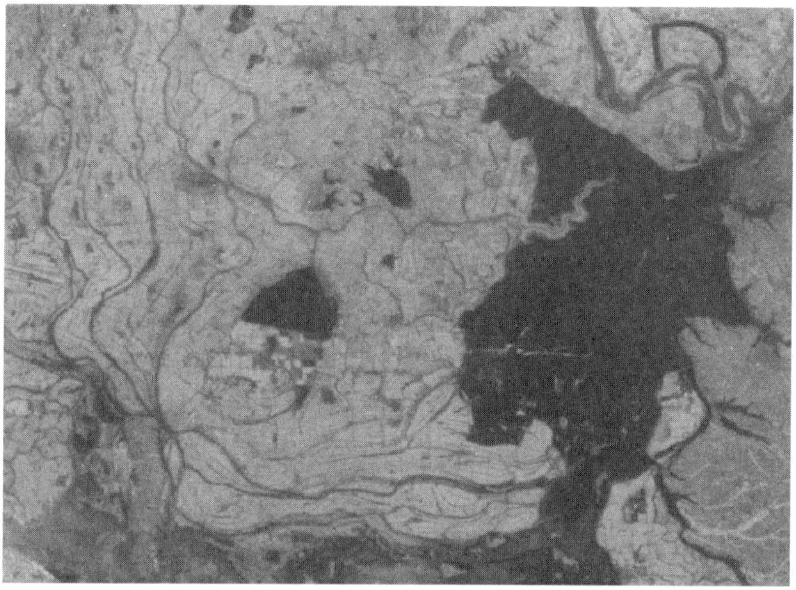

图 5－2 南方强降雨期间洞庭湖周边高分四号卫星影像

5.2 间接应用

在空间活动的需求牵引下，航天集众多高新技术于一身，必然会间接影响到经济社会的各个领域，并实现相关领域科学技术的进步，改变人们的生产生活方式，甚至产生深刻的科技变革。特别是面向装备制造、环境监测、交通运输、大众生活等领域，航天科学技术转化形成的产品为该领域带来了较为显著的影响。

5.2.1 装备制造

装备制造业是国民经济发展和国防建设的基础性产业，在面向国家急需的装备领域，航天制造发挥在重大技术装备研发设计、试验仿真、定制生产、精密制造、系统集成及协作配套等方面的整体优势和能力，提供具有自主知识产权、高性能、高质量、高可靠的装备与产品系统，直接服务于国民经济。

［案例 5 - 9］全向智能移动装备提高车间生产效率

天宫二号是中国目前在轨运行的最大的航天器。以前，这样的大家伙的转运也是困扰航天制造企业的难题，往往是采用吊车加特制吊具，再由十多位操作人员全程保护，一步一挪，即使如此，仍然存在着巨大的磕碰损伤危险。为了解决这一难题，航天人自主研发了神舟智通全向智能移动装备，并迅速将其转为民用，推向了市场。

航天技术赋予了神舟智通全向智能移动装备（如图 5 - 3 所示）许多在业内首屈一指的功能。首先，它是个“大力士”，50 吨的联合载重能力属国内第一；其次，它非常“聪明”，在技术人员为它量身定做的软件系统的指挥下，能够按照设定好的路径，自动避障、自动巡航；最后，它还是个“变形金刚”，配上起落架，它就是个可移动的升降台；配上货叉，它就是个可任意转向的叉车。

如今，神舟智通全向智能移动装备这一创新产品已经走进众多轨道交通企业繁忙的列车生产车间里，有效解决了困扰轨道交通行业多年的大型车体的转运难题，大大提高了列车的生产效率。目前，神舟智通产品在航空、电力、物流等领域也打开了突破口。

图 5 - 3　神舟智通全向智能移动装备

[案例 5－10] 航天技术引领矿用装备制造

井工矿防爆电动无轨胶轮运输车是千万吨矿井煤矿高产高效辅助运输的关键设备，是矿井煤矿安全、高效的保障。近几年，国外企业正在不断开发和完善防爆型电控柴油机和防爆型蓄电池胶轮车，煤矿井下无轨辅助运输技术发达的国家主要有美国、澳大利亚、南非、英国和德国等。

2015 年 1 月，凭借车辆研发能力、整车及底盘设计和生产能力，经过近两年的集智攻关，国内首台井工矿防爆电动无轨胶轮运输车（如图 5－4 所示）在航天重工研制成功。该产品的成功研制，填补了国内相关领域的空白，彻底解决了传统井下装备“高污染、高噪音、高油耗、低寿命”等长期困扰井工矿企业的难题。井工矿防爆电动无轨胶轮运输车是机、电、液一体化产品，全车采用铰接式车架，前悬独立悬架，电动轮驱动、全液压转向。整车驱动形式为独立四轮驱动，在不同工况情况下，进行前驱和四驱的互相切换，保证整车在具备足够动力的情况下，可以节省大量能量。

图 5－4 井工矿防爆电动无轨胶轮运输车

[案例 5－11] 航天技术装备在消防安全领域的应用

高层楼宇灭火一直是一个世界性难题。超高层建筑物发生火灾，需从外部施救时，常因为消防车力臂不够长，消防水枪难以到达或供水不足等原因，导致火势无法及时控制，造成不小损失。中国航天科工集团有限公司研制的高层楼宇灭火系统（如图 5－5 所示）填补了中国高层、超高层建筑消防外部救援装备领域的技术和装备空白。

高层楼宇灭火系统是充分利用航天领域军用导弹发射技术、控制技术和信息处理技术转化而成，与普通的消防车不同，它没有装载消防水泵、泡沫液罐、泡沫枪等消防器材，主要由控制系统、发射系统和结构系统三部分组成，其中发射系统装载有 24 发特制的灭火弹；与军用导弹不同，灭火弹采用绿色发射技术，通过平衡抛射，发射时无烟雾火光、无杀伤破片，弹上控制系统还能够确保意外状况下弹体自主安全地降落地面。此外，该高层楼宇灭火系统可单车独立完成消防作业，具备“一键式”展开、撤守的便利操作；其通用底盘更适合城市普通街道通过，移动部署快，反应迅捷；消防车不需要开到火场，可在几百米远距离外发射灭火弹实施灭火。

图 5－5 “投弹式高层建筑干粉消防车”产品

在消防安全等复杂灾害领域，还有几种航天技术转化产品受到欢迎。比如，集群定位指挥系统就像可以随身携带的“室内导航定位仪”，能用在灾情侦察和救援等场合，还可以应用于矿井、隧道、仓库、地下停车场等大型封闭场所人员的室内定位、侦察和救援工作。使用简单的无源空气再生呼吸装置，只要戴在头上用呼吸面罩捂住口鼻，就可以安全穿越火场。它还能够使人体呼出气体中的二氧化碳置换成等体积的氧气，让使用人员无需再背负沉重的氧气罐，也不会受到外界恶劣环境的影响。

5.2.2 环境监测

环境质量监测问题是当前公众关注的热点，航天技术可以为空气质量监测提供技术支撑，为环境管理、污染源控制、环境预警预报、环境规划等提供科学依据。

［案例 5－12］微型环境监测系统监测城市空气质量

当前中国城市中的环境监测中心站点很少，因为广泛建设环境监测站点需要巨大的资金和空间投入。国外一套空气质量环境监测系统价格在 50 万—100 万元，每套设备还需专门的房间安放。北京市海淀区目前仅有的监测站点，只能从宏观上反映城区的整体空气质量，但不能具体反映小区、学校等具体地点的空气质量。

为解决这一问题，中国航天科工集团有限公司自主研发了微型环境监测系统，该系统可以安装在路灯、电线杆或墙上，依靠太阳能或市电供电，采用电化学、光学等多种高精度传感器，可快速有效地测量空气参数，在线监测大气环境中 PM10、PM2.5、二氧化硫、二氧化氮、臭氧、温度、湿度等信息参数，用于城市大气环境监测、企业环境监测等。

微型环境监测系统通过 GPRS 将采集到的数据实时传送到云计算平台数据库的数据中心，实时精确呈现整个城市的空气污染状况，既可对污染过程进行动态跟踪，结合气象参数进行预警预报，又可以以网页查询或 APP 查询的方式让公众实时了解身边环境质量。

微型环境监测系统具有时间分辨率高、体积小巧、价格低廉的特点，监测点造价仅是国外同类产品价格的十分之一。大规模部署微型环境监测传感网系统，配合现有的环境监测站点，可准确、及时、全面地反映空气质量现状及发展趋势，为环保部门和普通大众提供数据支撑。

[案例5-13] 风廓线雷达服务京津冀绿色发展

《“十三五”时期京津冀国民经济和社会发展规划》指出，到2020年，生态环境质量明显改善，生产方式和生活方式更绿色。实现京津冀的绿色发展，气象观测至关重要，而国内对高空的气象观测手段比较单一，主要靠早晚释放探测气球到30千米左右的高空观测数据。

风廓线雷达的功能与探空气球类似，但效果却不尽相同。这类雷达可观测6—8千米内的大气水平风场、垂直气流等气象要素，每6分钟产生一组数据，因此具有精度和时空分辨率高、连续性好、实时性强等特点。此外，风廓线雷达对雾霾天垂直风场结构具有较好的观测能力，能够清晰分辨影响雾霾天污染物输送、消散和累积的系统性偏南风、偏北风以及局地环流的高度和强度，在雾霾天气预警工作中提供重要参考。

中国航天科工集团有限公司早在2004年就参与了国家风廓线雷达标准的制定，凭借运行稳定、故障率低等优势，其风廓线雷达产品屡屡中标国家重大项目，且用户反馈良好。目前北京市共有5部风廓线雷达在运行，其中4部均为其产品。这些风廓线雷达为北京市气象预报提供了高频率、高标准、低成本的现代化科学气象探测平台，提升了北京三维空间风场观测能力，实现了对雨、雪、冰雹、大风、雷暴、雾霾等灾害性天气的全方位观测。

目前，北京、河北、天津三地气象局都已配备风廓线雷达，形成了京津冀风廓线雷达网。另外，该风廓线雷达还在福建省台风灾害预测预警中发挥了重要作用。

［案例5－14］机器人助力城市管网清理维修

城市地下排水管道一旦堵塞，需要进行清淤疏通作业。国内多数城市地下排水管道的清淤工作还普遍处于人工作业的状态，不仅体力繁重、效率低、环境恶劣，而且雨污水管道已经运行多年，多处地段严重淤积和破损。地下排水管道的清淤和修补成了一大难题。

通过转化登月车的部分相关技术，具有疏通、清淤、探测、维修等多项功能的箱涵清淤机器人能够对淤积严重、人又无法进入的管道进行清淤，可通过计算机控制的视频探头对管道内壁的破损处进行探查，运用专业技术对淤积的垃圾进行清除，较短时间内就可完成。清淤机器人在箱涵内紧贴箱涵壁螺旋前进，采用高压喷水和旋刀切割的方式，清理箱涵内的污染物，最少可以连续工作10个小时，清淤距离不小于1000米。

利用该机器人清理箱涵内的污染物，可以实现无线远程遥控作业，既不需要地面开挖、管道截流，也不需要下人、排气，更不会影响交通，在很大程度上降低了人工清理维修城市管网中的风险。

5.2.3 交通运输

随着中国国民经济的快速发展，交通运输行业也得到了迅猛发展，从事交通运输行业的企业、个人及运输车辆数量迅速增加。随之而来的道路运输事故也在行业管理部门及社会公众的面前愈发凸显。航天技术的应用有助于为交通出行安全保驾护航。

［案例5－15］航天红外探测为铁路安全保障

列车燃轴是造成铁路运行事故的重要因素，高速飞奔的列车一旦发生燃轴事故，将带来灾难性后果。将用于卫星姿态控制的红外线探测技术引入到铁路车辆安全领域，研制了红外线轴温探测系统，通过非接触测量来及时发现过热的轮轴，避免因轮轴温度过高而发生行车事故，为铁路提供了安全产品和解决方案。红外线轴温探测系统结束了中国铁路安全监测产品长期被国外垄断的局面，在铁路安全市场上，真正树起了自主的品牌。

红外线轴温探测系统由红外线轴温探测站、列检所复示站、车辆段车间复示站、铁路局车辆运行安全监测中心、铁路局行车调度复示终端、红外线全路联网系统以及数据传输网络组成，采用非接触式红外测温技术，通过安装运行在铁路沿线各站点的红外线轴温探测站，实时探测通过列车的各轴承温度，并对其轴温进行动态监控，发现车辆轴承故障，防止车辆热切轴事故发生，从而保障铁路运输安全。

产品经过几代升级发展，现已形成2型、3型、A型、B型、M型等系列产品，满足动车、客车、货车等各型轨道车辆的检测需求，在全国铁路普遍应用，覆盖包括京沪、京广、京九等主要干线在内的数万千米运营线路，为保障铁路安全发挥着重要作用。

［案例5-16］航天技术呵护百姓出行

大家都知道，地铁依靠电能运行，而为列车供电的就是位于铁轨侧上方的导电接触轨。这条“第三轨”看起来很普通，但是多年来其生产技术一直被国外公司控制，国内的生产厂商要么是外国独资，要么是中外合资。经过市场调研发现，钢铝复合轨是该行业的发展趋势，而制约这种产品国产化的技术瓶颈正是航天器制造经常用到的焊接技术。

钢铝复合轨的技术难点在于如何将耐磨的钢带和导电性能好的铝轨无缝焊接起来。而无论是神舟飞船还是天宫二号，都需要极为精密的焊接技术。因此，通过转化航天器的精密成形和自动焊接技术，仅仅经过半年左右的研发，中国航天科技集团有限公司成功研制出了“神舟星通”钢铝复合接触轨产品，并自主设计了一条钢铝复合轨的生产线。为确保其可靠性，借助航天专用常压高低温试验室，进行了零下60度到零上50度的20年老化试验。常压高低温试验室能够模拟太空中几百度的温差变化，而这样的试验条件在行业内绝无仅有，这种强度的老化试验也开了行业之先河。

领先的技术、严苛的试验造就了产品的高品质。由11位轨道交通领域的顶级专家组成的评审组为该产品给出了行业内少见的“国际先进、国内领先”的评价。

目前，除了北京，“神舟星通”产品已经在青岛、广州、武汉、无锡等多个地铁项目上应用。未来将有越来越多城市的轨道交通能够用上“中国制造、航天制造”的接触轨产品，让人们在便捷出行的时候，也能享受到航天技术的呵护。

5.2.4 大众生活

神舟飞船、天宫二号看似离人们生活很遥远，其实它们用到的航天技术早已来到大众身边，使人们在生活、出行中也能享受到航天级别的服务。

[案例5-17]“太空空调”走入大众

在天宫二号中，要保证搭载的各种仪器设备在温差巨大的太空环境中正常工作，就必须依靠强大的热控系统，而在寸土寸金的舱体结构中，恰到好处地安装好包括热控系统在内的各种设备，不浪费任何空间，则需要高超的系统集成技术。同时，在太空中能源极为宝贵，在有限的能源供给的基础上，合理、精确地分配电能，既能满足天宫二号运行需要，又不会产生能源浪费，这就需要高超的能源管理及智能控制技术。正是依靠系统地整合这些高精尖的航天技术，航天员才能在温差超过200摄氏度的太空环境中从容地工作、生活。

航天技术人员正是通过转化航天热控、集成和控制技术，涉足暖通领域，形成了自己的“神舟北极”高效集成冷冻站（如图5-6所示）产品。与传统冷冻站相比，“神舟北极”高效集成冷热源产品占地面积至少节省1/3，现场施工时间缩短4/5，年均运行节能20%—50%，且维修运输方便，使用寿命长，可大幅降低系统运行、维护难度和费用，充分体现了绿色建筑节能、节地、智能管理等特点。“神舟北极”高效集成冷热源系统融合了互联网技术，通过搭建云服务平台，实现对全国集成冷热源系统的全面监控，能够提供全方位、全生命周期的运维服务。

目前，“神舟北极”高效集成冷冻站已在全国20多个省、市、自治区得到推广应用，应用范围也早已覆盖了地铁、机场、民用建筑、工业厂房、医院、商业综合体等不同建筑群体，让人们在室内也能享用“太空空调”。

图5-6 “神舟北极”高效集成冷冻站

[案例5-18] 利用航天科技优势开展精准扶贫

中国航天科技集团有限公司以产业精准扶贫为核心，在对口帮扶的陕西省洋县、太白县和河北省涞源县三地开展一系列精准扶贫工作。在光伏扶贫、生态种养殖等方面，充分利用航天科技优势，发挥项目引领示范，开展精准帮扶。

陕西省洋县总面积3206平方千米，川、丘、山比例为7∶21∶72，大部分丘陵山区群众生产生活条件困难。中国航天科技集团有限公司充分利用航天科技优势，开展基础设施、特色产业、航天育种、电子商务等创新扶贫亮点项目，帮助洋县在文化教育、广播电视、道路交通、用水用电等方面实现了跨越式发展。截至2016年，累计向洋县投入定点扶贫资金2100余万元，先后为20个贫困村硬化道路25千米，改造水利设施5处，建人饮工程8处，完成了以有机米为代表的洋县有机农产品种植等19个特色项目，扶持建成航天希望小学、有线电视扩频改造等28个教育公益项目。通过实施贫困村基础设施建设，帮助洋县贫困地区“改穷貌”，让贫困地区的土特产、有机农产品“走出去”，让外面的信息、技术、人力资源“走进来”，有效改善了当地贫困群众的生产生活条件。

中国航天科工集团有限公司在云南省东川区和富源县持续开展教育扶贫、医疗扶贫、科技扶贫、民生扶贫等多领域扶贫项目建设，进一步扩大扶贫范围，加大扶贫力度，有效改善贫困山区的基础设施、医疗环境、应急能力。针对东川区复杂地质结构打造出的东川区坝塘水库地灾及水情监测系统，不仅填补东川区中型水库水情信息无法科学监测的技术空白，而且有效保证坝塘水库水资源发挥最大效益，保障下游工业和农业灌溉及居民生活用水。

［案例5－19］航天特种材料变为日常生活用品

高温环境下，烈日和潮湿的空气严重影响了特警、交警、钢铁炉工、密闭空间的焊接工人、户外运动人员等的作业效率和生活品质。而在航天产品厂房里，需要有相关的技术保证卫星、火箭安装调试的恒温环境，这就为打造相应的军民融合产品储备了关键技术。

中国航天科工集团有限公司的技术人员开发了一种人体微气候环境调节系统——单兵空调系统（如图5－7所示），主要由液冷背心、制冷单元和电源组成。当人们穿上液冷背心时，冷却液吸收人体热量后流至低温换热器进行冷却，冷却完毕再进入液冷背心，如此循环。这种用于个体冷却的防护设备，具有体积小、质量轻、易携带、使用方便等优异性能，可以说是高温湿热环境中穿着密闭式防护服工作人员的必备品。

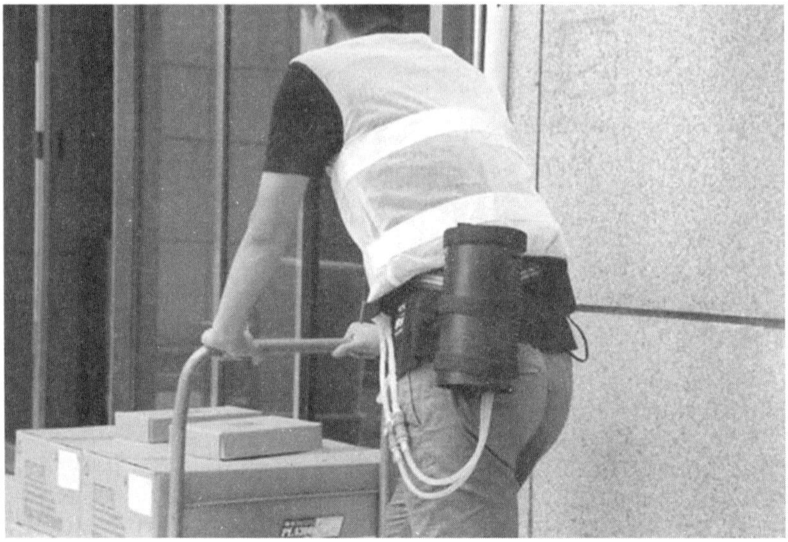

图 5－7 使用中的单兵空调

[案例 5－20] 垃圾分拣机器人让城市生活更美好

随着城市人口迅速增加，居民生活水平日益提高，城市生活垃圾越来越多，垃圾分拣的工作量也随之增加。然而，长期在恶劣、危险的工作环境中从事垃圾分拣，难免会对人体造成不同程度的伤害。

空间机械臂由 2016 年首飞成功的中国新一代运载火箭长征七号搭载飞向太空，成功实现了太空垃圾主动清除演示验证飞行试验，为中国未来空间碎片清理等轨道服务奠定了工程应用基础。随后，与之相关的航天技术实现了向民用领域应用的产品转化，中国航天科技集团有限公司所属中国运载火箭技术研究院研制出国内首台面向环卫垃圾分拣领域的生活垃圾分拣机器人系统（如图 5－8 所示），能够有效替代人工，从复杂生活垃圾中高效分拣出有用资源，实现垃圾的有效分类，从而实现生活垃圾资源化、减量化、无害化处理。

环卫生活垃圾分拣机器人系统由机器视觉识别系统、人机交互系统、机械臂分拣单位构成，采用基于深度学习算法的智能识别、

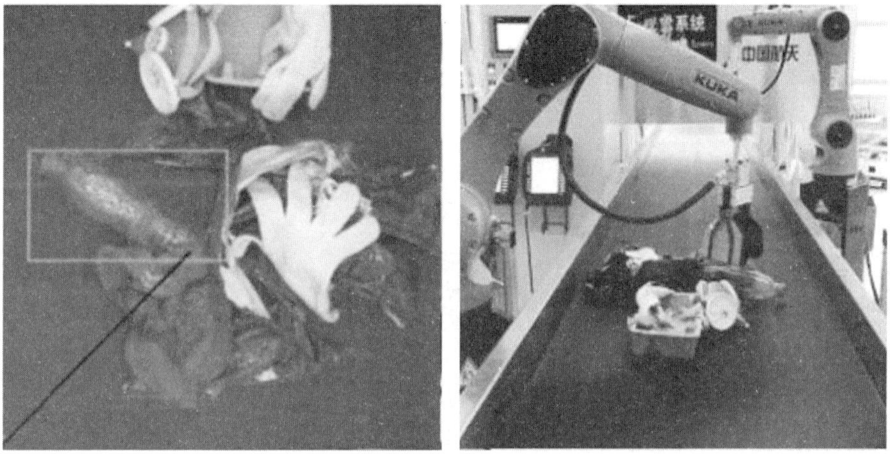

图 5-8 环卫生活垃圾分拣机器人系统

机械臂在线规划与控制、多臂协调控制等先进技术，分拣系统具有识别率高、工作效率高的特点。目前该系统主要进行实验室环境下瓶类物品的识别及分拣，分拣率达 93%以上，以后可逐步代替环卫垃圾处理厂前端的人工分拣工作。随着该系统的成熟及适应性设计，后续还可应用于药品分拣、农副产品分拣、物流包裹分拣等领域。

6 国际合作与交流

在经济全球化深入发展、网络信息化日新月异的时代，积极开展国际交流合作，充分利用国际市场，是航天科技产业自身发展的内在需求，也是适应经济全球化趋势的必然选择。随着中国航天事业的迅猛发展，中国积极寻求在航天领域双边与多边合作与交流，在政府、企业、科研院所和民间机构等多个层面开展航天对外合作，为更广泛、更深层次的国际合作打下了良好的基础。

6.1 在政府层面开展双边合作和多边活动

6.1.1 与多个国家建立双边合作机制

2015—2016 年，中国航天领域双边合作成果显著，签署多项航天合作协定，与多国建立了航天合作联委会机制，中俄航天合作领域不断拓宽，中美航天民用航天合作重新开启，中国航天在国际舞台上发挥着越来越重要的作用。

2015 年 2 月，中国与阿根廷共同签署了《中华人民共和国政府和阿根廷共和国政府关于空间活动领域合作的框架协定》，标志着双方航天领域合作迈上了新台阶。

2015 年 4 月，中国与阿根廷签署了中阿两国航天局间合作协议及航天合作大纲，开启了中阿航天务实合作的新篇章。

2015 年 5 月，中印双方航天部门成立合作机制，并签署

《2015—2020 年中华人民共和国国家航天局与印度共和国空间研究组织航天合作大纲》，同意加强两国在卫星遥感、天基气象学、空间科学、月球及深空探测、卫星导航、宇航元器件、搭载发射服务、教育培训等领域的合作。

2015 年 5 月，中国与俄罗斯签署《中国国家航天局与俄罗斯联邦航天局关于交换双方空间对地观测数据合作的谅解备忘录》，积极推动中俄两国遥感卫星数据交换，为两国经济社会发展服务。

2015 年 6 月，中美两国在第七轮中美战略与经济对话框架下决定建立双边政府间定期民用航天合作磋商机制，明确在空间碎片、空间天气和应对全球气候变化等领域加强合作。

2015 年 9 月，中美两国召开首次民用航天合作对话会议，就加强外空活动可持续性与空间碎片、民用对地观测、空间科学、空间天气、民用全球导航卫星系统等领域的合作深入交换意见，中美政府间民用航天合作对话机制正式建立。

2016 年 1 月，中沙两国签署了《中沙卫星导航领域合作谅解备忘录》，该谅解备忘录的签署为加快推进北斗系统落地阿拉伯国家奠定了坚实基础。中沙双方后续将在卫星导航系统融合应用、技术交流、监测评估、增强系统等领域深化合作，让沙特及阿拉伯国家民众享受到更加稳定、可靠、精准的卫星导航服务，促进经济社会发展与民生改善，实现双方共同繁荣发展。

2016 年 4 月，中国与乌克兰两国在中乌政府间合作委员会航天分委会第三次会议期间草签了《2016—2020 年中乌航天合作大纲》。

2016 年 11 月，《中俄总理第二十一次定期会晤联合公报》提出基于《2013—2017 年中俄航天合作大纲》的实施意见，拓展并深化中俄两国在航天领域的长期互利合作。

6.1.2 参与联合国及各国政府间或非政府间的多边活动

中国积极参加联合国和平利用外层空间委员会及其科技小组委员会、法律小组委员会的各项活动。

2015 年 9 月，中国与联合国外空司签署了《中国国家航天局与联合国对地观测数据和技术支持谅解备忘录》。

2016 年 1 月，中国卫星导航系统管理办公室和阿拉伯信息通信技术组织在埃及开罗阿盟总部签署《中阿卫星导航领域合作谅解备忘录》。该谅解备忘录标志着北斗以阿盟秘书处为纽带，与阿拉伯国家联盟建立了卫星导航领域正式合作机制，为加快推进北斗系统落地阿拉伯国家夯实了基础。

2016 年，中国与巴西、俄罗斯、印度、南非等国航天机构共同发起并积极推动金砖国家遥感卫星星座合作。2016 年 3 月，金砖国家遥感卫星星座合作正式启动并在工作组第一次会议上进一步确认了参与星座建设的意愿，就星座建设初步方案、参与虚拟星座的卫星和后续工作计划等达成了共识。

6.2 在民间层面搭建航天对外合作平台

6.2.1 举办各类学术活动

中国科学院、中国宇航学会、中国卫星导航系统管理办公室等举办了一系列高水平、高层次、高质量的国际论坛和年会会议等学术活动。

2015 年 5 月，第六届中国卫星导航学术年会成功举办，会议邀请了来自美国、俄罗斯、欧盟、日本、德国、英国、法国、澳大利亚、瑞士、挪威、荷兰、加拿大、巴基斯坦、阿盟等国家及区域的代表，做了系统更新报告、大会特邀报告、卫星导航专题讲座、学术交流报告等。年会同期，召开了中俄、中巴、全球卫星导航系统国际委员会（ICG）工作组会议，共同探讨了包括兼容与互操作、建站及增强、监测评估、联合应用、北斗中心、教育培训等领域的合作，交流了相关情况、技术及观点。

2015 年 11 月，中国宇航学会和国际宇航科学院（IAA）联合主办，中国航天科技集团有限公司八院承办，上海宇航学会协办的第六届航天技术创新国际会议在北京召开。会议以“先进航天技术惠及人类社会”为主题，来自 14 个国家的 150 多名代表参加了会议。航天技术创新国际会议已成为各国航天科研人员面向未来、深化交流、密切合作的重要平台，有助于航天国际合作的开展。

2015 年 11 月，中国科学院主办的以“空间观测助力海上丝绸之路建设”为主题的海上丝绸之路空间认知国际会议在北京召开，来自海上丝绸之路沿线 28 个国家的 300 余位代表参加了会议。作为此次研讨会的一项重要成果，大会发表《关于开展海上丝绸之路建设国际合作的三亚宣言》，并签署《关于建立海上丝绸之路对地观测合作网络的意向书》。

2015 年 11 月，由亚太空间合作组织与中国国家航天局共同主办的亚太空间合作组织发展战略高层论坛在北京召开。会议通过了《北京宣言》，提出了亚太地区空间能力发展与合作的新愿景——构建“一带一路”空间信息走廊。

2016 年 5 月，中国科学院主办的以“一带一路”空间认知国际会议在北京召开。会议以“丝路认知——更快、更准、更广”为主题，来自 40 多个“一带一路”沿线及相关国家和地区以及联合国教科文组织、地球观测组织、世界气象组织等国际组织的 300 余位学者和专家参会。大会发表《“一带一路”空间观测国际合作北京宣言》，来自 20 多个国家和国际组织的代表对遥感地球所发起的“数字丝路”（DBAR）国际科学计划给予全力支持并积极加入。

2016 年 5 月，第七届中国卫星导航学术年会邀请了国内外卫星导航系统主管部门官员、卫星导航领域专家学者、卫星导航应用企业代表等 2000 余人参加。会议大力推进北斗系统与新技术的融合发展，推动北斗系统更好地服务智慧中国建设，集智共商北斗卫星导航系统发展大计，促进北斗系统在全球范围内的交流与合作。

2016 年 5 月，由中国国家标准化管理委员会主办，中国航天科技集团有限公司承办的国际标准化组织航天技术及其应用标准化分技术委员会（ISO/TC20/SC14）第 26 届年会在京召开。来自中国、美国、英国、德国、法国、意大利、芬兰、俄罗斯、日本、巴西等10多个国家的157名代表出席了本次会议。

2016年6月，中国航天科技集团有限公司主办的“2016航天先进制造技术国际研讨会”邀请知名高校的学者、专家以及来自德国、俄罗斯、法国、乌克兰、白俄罗斯等多国知名航天企业、科研机构的约两百位院士、海内外专家、学者出席，并就航天制造工艺技术的发展与应用情况、智能制造与工业4.0等内容做了主题演讲。

2016年7月，由国际电子与电气工程师协会地球科学与遥感学会（IEEE GRSS）主办，中国科学院国家空间科学中心和复旦大学协办的第36届国际地球科学与遥感大会在北京召开。大会以“促进对于我们地球家园的认识”为主题，邀请全球65个国家和地区的1800余位学者，以48个特邀分会为主要形式，就地球科学与遥感领域最新的研究进展和技术研发进行了专题讨论。

2016年9月，中英空间科学与技术联合实验室、英国卢瑟福—阿普尔顿实验室携手北京航空航天大学航空科学与技术国家实验室、教育部空间科学与技术国际合作联合实验室，成功举办了第十一届中英空间科学与技术合作研讨会，共同分享空间科学技术和创新，探讨未来合作机遇，寻求交流与共赢。

2016年11月，由国际宇航科学院与中国航天科技国际交流中心联合举办的“航天国际合作促进发展中国家经济社会发展”国际研讨会在北京召开。来自中国、玻利维亚、老挝、尼日利亚、日本、美国、委内瑞拉、意大利等国家的航天机构和相关组织，加拿大、巴西、美国、委内瑞拉等国家驻华使馆，以及国际宇航科学院、国际宇航联合会、亚太空间合作组织等国际组织的180名代表参会。

2016年12月，第三届航天国际化发展论坛召开。国务院发展研究中心、发改委西部司、中国人民大学重阳金融研究院、清华大学经济外交研究中心等单位和智库参加了此次论坛，多位专家围绕“一带一路”战略与政策等议题做了报告；巴基斯坦驻华使馆公使、委内瑞拉航天局执行主任、亚太空间合作组织相关官员等介绍了与中国开展航天合作的现状及展望等情况。与会的巴基斯坦、委内瑞拉、埃及、泰国专家和相关中方专家就进一步加强航天相关领域的合作以及如何抓住国家实施“一带一路”战略机会，推动集团公司国际化发展等话题进行了交谈。

[案例 1] 打造“一带一路”空间信息走廊

“一带一路”是“丝绸之路经济带”和“21 世纪海上丝绸之路”的简称。中国国家主席习近平分别于 2013 年 9 月和 10 月出访中亚和东南亚国家期间，先后提出共建“丝绸之路经济带”和“21 世纪海上丝绸之路”的重大倡议，得到国际社会高度关注。

“一带一路”倡议涉及国家众多，地域广阔，国家间的发展水平差异较大，在经济建设、社会发展、资源开发和利用等方面的信息资源不够丰富，迫切需要加强信息的互联互通。空间信息具有覆盖范围广、时效性强等特点，可以为基础设施建设、能源资源开发和利用、环境灾害监测与评估等领域提供信息支撑服务。共建“一带一路”空间信息走廊，进一步完善空间基础设施，将在“一带一路”倡议推行实施中发挥重要作用。

“一带一路”空间信息走廊以在轨和规划建设中的通信卫星、导航卫星及遥感卫星资源为主，适当补充完善天基资源和地面信息共享网络，形成“感、传、知、用”四位一体的空间信息服务系统，为“一带一路”沿线国家及区域提供空间信息服务能力，实现信息互联互通。

推进“一带一路”空间信息走廊建设与应用，有利于促进中国与“一带一路”沿线国家在高新技术领域的合作，提高与沿线国家产业合作的层次和水平；有利于推动与沿线国家在防灾减灾、生态环境监测、科学研究等领域的国际合作，为“一带一路”建设提供公共产品，增进民心相通和人民交流。

2016 年 10 月，中国国家航天局与发展改革委联合印发了《关于推进“一带一路”空间信息走廊建设与应用的指导意见》，提出经过 10 年左右的努力，基本建成以东南亚、南亚、西亚、中亚、北非为重点，辐射大洋洲、中东欧、非洲等区域，设施齐全、服务高效的“一带一路”空间信息走廊，成为中国与沿线国家共建“一带一路”的崭新亮点。

6.2.2 参加多个国际会议

积极参与国际宇航联合会（IAF）和国际宇航科学院（IAA）、国际标准化组织（ISO）等多个国际组织的活动，为航天领域的专家、学者和科技人员提供了国际交流的渠道。

2015年6月，中国宇航学会组织代表团赴德国慕尼黑参加2015年全球航天创新大会（GLIC）。代表团参加了开幕式、主旨报告、首席技术官论坛等活动，学习分享了国际知名航天企业和机构的创新理念和实践经验。

2015年7月，中国宇航学会组织代表团赴日本参加第30届国际空间科学技术研讨会、第34届国际电推进会议暨第6届纳卫星研讨会（NSAT）。代表团听取了来自美、德、法、韩、日五国航天局的近期重要航天项目发展报告，并参加技术分组会以及大会展览，与参会的各国同行进行了广泛而深入的技术交流和会谈，拟进一步推进中日两国在航天方面的交流与合作。

2015年10月，中国代表团参加了在以色列耶路撒冷召开的第66届国际宇航大会。大会以“太空，通向人类未来之门”为主题，来自全球58个国家和地区的宇航局、航天科技公司、科学研究机构、高等院校的2000多名代表出席大会开幕式。中国代表团共有240余篇论文被大会收录，论文数量位列第二。

2015年11月，国际宇航科学院研究中心在北京成功召开院士日活动，来自中国国家航天局、中国航天科技集团有限公司、中国航天科工集团有限公司、相关科研院所及高等院校的国际宇航科学院院士、专家和嘉宾等70余人参加了此次活动。

2016年4月，中国运载火箭技术研究院代表团参加了在丹麦哥本哈根举办的国际标准化组织机械振动、冲击与状态监测技术委员会（ISO/TC108）会议。会议期间，中方代表提出的建立多维振动系统国际标准的提案，经各个国家代表讨论后通过。随后，经国家标准化委员会推荐，国际标准化组织正式接纳中国运载火箭技术研究院专家为国际标准化组织机械振动与冲击/振动和冲击测量仪器的使用和校准（ISO/TC108/SC3）专家组成员，这是中国运载火箭技术研究院首位国际标准化组织的专家组成员。

2016 年 9 月，中国航天科技集团有限公司组代表团参加了在墨西哥瓜达拉哈拉举办的 IAA 秋季系列会议和 IAF 大会。由中国宇航学会向 IAF 申请成立的“小卫星商业应用专门委员会”经 IAF 执行局和全体成员大会批准，在会议期间宣布成立。这是首个由中国主导发起成立的委员会，是中国深度参与国际组织活动的一次突破。

2016 年 11 月，中国航天科技集团有限公司率团赴阿联酋参加联合国外空司“外空作为社会经济可持续发展驱动力”联合国探索与和平利用外层空间会议第 50 周年纪念活动（UNISPACE＋50）高级别论坛。论坛对航天科技在推动全球发展方面所扮演的角色进行了深入探讨，为各成员国参与讨论全球空间治理问题提供了一次良机。

［案例 2］由中国主导制定的多项国际标准正式发布

航天质量问题归零国际标准正式发布。2015 年 11 月，国际标准《航天质量问题归零管理》（ISO 18238 Space Systems - Closed Loop Problem Solving Management）由国际标准化组织正式发布。《航天质量问题归零管理》深入总结了航天质量问题归零管理的成功经验和实践成果，是中国航天在实现产品“走出去”的同时，探索标准“走出去”的重要成果，提供了具有中国特色的质量问题处理有效方法。该项国际标准的制定历经三年，是中国首次将具有中国特色的航天管理最佳实践推向国际，是中国向国际输出成功经验、彰显中国航天软实力的重要举措。

2016 年 7 月，由中国航天科技集团有限公司主导制定、航天标准化与产品保证研究院具体承担的国际航天标准新工作项目提案《航天系统——技术状态管理》，由包括美国、法国、日本等 6 个国家派出专家参与标准编制，以全票赞成顺利通过国际标准立项投票，随后国际标准化组织航天分技术委员会（ISO/TC20/SC14）秘书处提交ISO中央秘书处正式注册。该标准顺利通过投票立项。

中国宇航元器件领域第一项国际标准正式发布。2016年11月，由中国航天科技集团有限公司主导制定的国际标准《ISO 18257航天系统—半导体集成电路—设计要求》由ISO正式发布，该项国际标准是中国在宇航元器件领域主导制定的第一项国际标准。该标准在2012年正式向ISO递交标准提案后，经过与美国、俄罗斯、德国、法国、英国、日本、巴西、乌克兰等国家专家多次沟通与协商，于2012年7月顺利通过国际标准立项投票，正式在ISO注册立项。历经四年，该标准终于在2016年11月由ISO正式发布。该项标准基于宇航元器件标准体系建设的成果，从满足空间应用需求出发，针对宇航半导体集成电路设计阶段的工作，给出了通用、实用的设计要求和方法指南，从研制源头上保证了半导体集成电路的可靠性和空间适用性。通过该标准的制定，让国际上加深了对中国宇航元器件标准的认识，也是中国推动宇航元器件标准国际互认的重要探索和尝试。

6.3 积级推进和参与国际商业活动

国家航天局积极支持航天企业参与空间领域的国际商业活动，落实国家“走出去”发展战略。

2015年11月，中国在西昌卫星发射中心用长征三号乙运载火箭成功发射老挝一号通信广播卫星。老挝一号首次采用“天地一体化+商业运营”的新模式，实现了中国航天向东盟国家整星出口零的突破。

2015年12月，中国与南非国家航天局正式签署《中巴地球资源卫星04星南非地面系统最终交付协议》。中巴地球资源卫星04星南非地面系统正式投入运行，拓展了中巴两国高科技领域合作的新空间，将有力促进航天科技服务于非洲南部地区的经济建设和社会发展。

2016 年 1 月，由中国长征三号乙运载火箭托举着白俄罗斯通信卫星成功进入太空。这不仅是中国“十三五”期间的首次宇航发射任务，也标志中国整星在轨交付业务首次打开欧洲市场，走进欧洲人民生活。

2016 年 4 月，白俄罗斯通信卫星一号地面测控站正式投入运营。这标志着该地面测控站正式交付白方接管。双方还将在后续卫星应用过程中加深合作。

2016 年 10 月，中国与孟加拉国国家电视台交换了承建该电视台 5 个分台的商务合同，加深中孟两国在新闻、出版、广播、电视领域的合作，也是“一带一路”上中孟两国互利共赢结成的硕果。

2016 年 12 月，中国与意大利泰雷兹帕佐公司签署了基于提供卫星服务的互利合作协议。本次合作主要涉及卫星通信服务、卫星遥感与地理信息、卫星系统及运营 3 个领域，为企业用户、海事通信和能源行业等市场提供全球卫星通信的电信港接入和通信传输服务，在农业、海事、基于干涉雷达的形变监测以及雷达卫星图像处理和仿真工具等方面开展合作。

[案例 3]“南南合作典范”：中巴地球资源卫星

2015 年 7 月 14 日，中巴地球资源卫星 04 星由研制单位交付给中国航天科技集团有限公司所属中国资源卫星应用中心，正式投入使用。

中巴地球资源卫星 04 星由中国航天科技集团有限公司中国空间技术研究院和巴西空间技术研究院共同研制，是中国和巴西在航天高科技领域合作的重要体现，被誉为“南南合作典范”。该星于 2014 年 12 月 7 日成功发射，对于加深中巴友谊、推进两国务实合作具有重要意义和深远影响。2015 年 5 月 19 日，中国国家航天局与巴西科技创新部签署了中巴地球资源卫星 04A 星合作议定书，推动中巴航天领域合作再上新台阶。

中巴地球资源卫星 04 星可在 26 天内完成对中国陆域范围的覆盖，获取的 5 米全色、10 米多光谱等影像图，能够满足持续提供稳定的中分辨率普查数据的迫切需求，具有广阔的应用前景。目前中国共有中巴地球资源卫星 04 星用户 2000 余家，长期用户 500 余家。中巴地球资源卫星 04 星在农作物长势分析、水体提取与水力工程识别、地质灾害遥感调查等领域发挥了重要作用。

中巴地球资源卫星 04 星的投入使用为中巴两国战略合作注入了新内涵，将更好地服务于中巴两国及广大发展中国家的经济社会发展，进一步提高中巴地球资源卫星的国际影响力，推动资源卫星走向国际市场。后续，两国将加强在中巴地球资源卫星 04A 星研制中的合作，开展 05 星、06 星的规划论证工作，大力推动中巴航天合作不断走向深入。

[案例 4] 老挝一号通信卫星项目成功服务东盟国家

老挝一号通信卫星项目于 2012 年 12 月 1 日正式启动。卫星于 2015 年 11 月 21 日由长征三号乙运载火箭在西昌卫星发射中心成功发射。2016 年 3 月，在老挝首都万象举行了由中国航天科技集团有限公司出口的老挝一号通信卫星在轨交付仪式暨老挝亚太卫星有限公司成立大会。老挝亚太卫星有限公司主要负责老挝一号卫星商业运营工作，为老挝及周边国家提供卫星通信、卫星电视直播、无线宽带等服务。2016 年 9 月，老挝亚太卫星有限公司获得老挝政府许可，正式开展卫星通信、卫星电视和地面移动通信等业务。2016 年 11 月，亚太卫星控股有限公司签署合同使用老挝一号卫星，将长城平台上的 8 套中国电视频道在中南半岛播出。

老挝一号通信卫星在轨交付是中老两国在航天领域合作的里程碑，老挝政府将尽其所能为卫星运营公司提供政策、法规和国际合作等方面的便利条件。

老挝卫星项目是中国航天向东盟国家延伸的首个项目，对“一带一路”建设、中国航天“走出去”具有重要意义。该项目是中国航天为东盟国家实施的首个整星出口项目。老挝一号通信卫星将有力提升老挝国家形象，带动老挝高科技产业发展，促进老挝经济、文化和社会发展，进一步加强两国全面战略合作伙伴关系，作为落实“一带一路”倡议的重要项目，对促进沿线国家共同发展具有示范效应。

6.4 国际人才培训与交流

依托国内航天高新技术企业和科研机构，面向国内和广大发展中国家，开展空间科学、技术、应用方面的培训和交流，培养航天人才，培育用户。

2015 年 2 月，中国航天科技集团有限公司所属神舟学院正式成为联合国附属空间科学与技术教育亚太区域中心（中国）教学实践培训基地。

2015 年 4 月，首期国际航天及卫星应用培训班在北京航天航空大学举行。培训班以“卫星导航技术及应用”为主题，聘请了来自法国、克罗地亚以及国内高校、卫星导航企业及研究机构的 14 位相关领域专家担任授课教师，学员近 50 人，来自 15 个国家。培训内容涉及卫星导航原理、软件、硬件及应用，涵盖了系统设计、地基/空基增强、终端与算法、应用技术等相关领域技术培训，包括专家讲座、实践课程、专业参观等环节。

2015 年 5 月，白俄罗斯通信卫星项目外方学员来中国进行培训。作为未来白俄罗斯通信卫星的直接操作人员，白俄罗斯学员全面了解了中国的航天器研制能力，参观了卫星的总装及试验过程，既有助于提高外方学员的培训效果，同时也增强了用户对中方研制实力的信心。

2016 年 7 月，中国第二批航天员叶光富在意大利撒丁岛圆满完成了欧洲空间局（ESA）为期 15 天的洞穴训练，这是中国航天员首次参与国际性极具挑战的航天员训练任务。

2016 年 8 月，2016 年度国家科技部卫星应用技术国际培训班项目顺利结业，来自亚洲、非洲、拉丁美洲共计 12 个国家的 19 名学员参加了此次培训。截至目前，共有来自阿尔及利亚、埃及、刚果、土库曼斯坦、卡塔尔、乌拉圭、埃塞俄比亚等 32 个国家的近 100 名学员参加了培训。通过培训，学员们了解了中国航天的实力，特别是各类卫星产品、卫星应用等配套服务，并与中方建立了深厚的友谊，不少学员回国后都积极推动双方开展进一步的合作。

中国航天科技集团有限公司积极推进海外高端人才招聘，2016 年全年引进国际知名高校海外留学生 151 人，其中海归博士 17 名。119 名科研骨干获国家公派留学资格，名列央企第一。

面向未来，中国将按照平等互利、和平利用、共同发展的原则，继续加强与联合国和平利用外层委员会以及各有关航天国际组织的协作，促进政府间、部门间、研究机构间、企业间的合作，积极推进全球和区域的航天国际合作项目。

结束语

创新始终是一个国家、一个民族发展的重要力量，也始终是推动人类社会进步的力量。科技是国之利器，国家赖之以强，企业赖之以赢，人民生活赖之以好。航天科学技术汇集了许多现代工程技术的新成就，产生了一些新的学科，促进了现代科学技术的发展，而且通过开拓性的先进技术手段改变着众多传统产业部门的生产方式，通过重大航天工程的实施拉动了基础产业和应用产业的发展。随着航天科学技术的进步，航天产业吸引了商业力量的加入，拓展了空间经济的范畴，在促进技术与科技进步、推动产业转型升级、方便或改善人们生活、营造美好的社会环境、增进国际交流与合作等方面发挥着越来越重要的作用。

在国家创新驱动发展战略的指引下，航天强国建设稳步推进。随着空间科学战略性先导科技专项以及载人航天、月球探测、北斗导航等国家重大科技专项的突破性进展，中国将为和平利用和开发空间资源担负起更多的责任，做出新的更大的贡献。

参 考 文 献

[1] The Space Foundation. The Space Report 2017: The Authoritative Guide to Global Space Activity, August 2017.

[2] Satellite Industry Association. State of the Satellite Industry Report (20th Edition), June 2017.

[3] OECD. The Space Economy at a Glance 2014. Revised version, November 2014.

[4] FUTRON Corporation. FUTRONN CorporatioE COMPETITIVENESS INDEX: A Comparative Analysis of How Countries Invest In and Benefit from Space Industry. 2014.

[5] 中华人民共和国国务院新闻办公室．2016 中国的航天，2016.

[6] 中国卫星导航协会，中国卫星导航与位置服务产业发展白皮书（2015 年度），2016.

[7] 中国卫星导航协会，中国卫星导航与位置服务产业发展白皮书（2016 年度），2017.

[8] "创新驱动建设航天强国发展战略研究"课题组．创新驱动建设航天强国发展战略研究总报告［R］．2015.

[9] "航天科技创新驱动太空经济发展战略研究"课题组．航天科技创新驱动太空经济发展战略研究总报告［R］．2016.

[10] "推动航天科学技术为经济社会发展服务战略研究"课题组．推动航天科学技术为经济社会发展服务战略研究总报告［R］．2016.

[11] "航天军民融合发展战略研究"课题组．航天军民融合发展战略研究总报告［R］．2017.

[12] "建设航天强国战略的深化研究"课题组．建设航天强国战略的深化研究总报告［R］．2017.

[13] 刘淮宇．海星通：天基丝路济沧海［N］．中国航天报，2015－5－22（1）．

[14] 闫君．百城百联百用：北斗卫星精准位置服务规模化深度应用［J］．城市燃气．2016（7）：48．

[15] 杨振荣．资源三号02星让民用立体测绘更精更快［N］．中国航天报，2016－6－2

[16] 范一大，吴玮．高分四号发射成功助力防灾减灾事业［J］．中国减灾，2016（2）上：48－49．

[17] 薛飞．它们自太空来——中国航天科技集团公司五院航天技术应用产品速描［J］．中国航天．2016（11）：44－45．

[18] 魏京华，陈佳佳．航天雷达“再嫁”京津冀［N］．中国航天报，2016－4－14．

[19] 毛凌野．国内主要商业航天企业发展现状［J］．卫星应用，2017（10）：28－32

[20] 陈飚．北斗产业发展步入规范化、规模化快车道——2016年北斗应用回顾［J］．卫星应用，2017（4）：15－19．